Creciendo: Tomando las Decisiones Correctas por ti mismo **translated from award-winning book,** *Raising Yourself: Making the Right Choices*

(ISBN 978-0-9708131-3-8; LCCN 2001087800; The English language edition is available from Baker & Taylor, Follett Library Resources, Brodart and direct from the publisher)

As parents we make choices for our children on a daily basis. We want them to grow up with common sense, strong values and a good sense of self. Here is a book designed as a self-help guide for early teens and up. It is filled with real-life scenarios and propositions that require them to think use reasoning and ultimately choose a course of action. Raising Yourself is a very proactive book that is designed to get in the faces of teens. Parents thought the issues, which include friends, sex, jobs and much more, were thought provoking and appropriate."

—*Seal of Approval, The National Parenting Center*

"...The author's teachings are ... solid...The message for teens is to take responsibility for their own lives and realize that the choices one makes at 16 will profoundly impact life at 17, 27, 37, and so on...a valid message to take to heart."

—*School Library Journal*

"Helpful not only for teens or preteens but also for parents of that age group. It is highly recommended reading."

—*Mac McKinnon, Publisher, The Fort Morgan Times*

"Raising Yourself is very highly recommended reading for kids needing to grapple with the social issues, temptations, and decisions facing them today."

—*Reviewer's Choice, The Midwest Book Review*

"The book explained how to stay out of debt and how to stay away from drugs. It also told me how to set up a career. If I wanted to play on a professional team I would have a backup plan if I didn't make the team. The book also told about the pros and cons on dropping out of school. It also told me about moving on and getting a college degree. All the information was helpful for planning my future."

—*Bryan Dickson 10, Libertyville,*
fifth grade, Butterfield School

"It talks a lot about things children have to deal with throughout their life. The book is not leaning to one way at any point. They give many different ways you are able to deal with things, depending on your gender. I also found that having a girls section and a boys section allowed them to get the author's points across more clear, rather than having them combined."

—*Cassie Braden 13, Beach Park,*
seventh grade, Beach Park Middle School

Creciendo

Creciendo

Tomando las Decisiones
Correctas por ti mismo

¿UNIVERSIDAD?
¿SEXO? ¿DROGAS?
¿VALORES?
¿AMIGOS?
¿EMBARAZO? ¿PANDILLAS?

EL FUTURO

Sumant Pendharkar

Hillview Books
Los Altos, California

Diseño de interiores por / Interior design by
Pete Masterson, Æonix Publishing Group, www.aeonix.com
Ilustraciones de la cubierta y del interior por /
Cover and interior illustrations by Aldin Baroza
Traducido por / Translated by Ernesto Escobar
Editado por / Edited by Paola Segnini Bogantes
email: psegnini_01@yahoo.com.

ISBN: 978-0-9708131-7-6
LCCN: 2010923059

Cataloging data available from publisher upon request.
La información de catalogado se puede obtener solicitándosela al publicador.

1 2 3 4 5 6 7 8 9   15 14 13 12 11 10

Published by:
Hillview Books
P.O. Box 3473
Los Altos, CA 94024
Phone: 650-967-4933

www.hillviewbooks.com

Printed in the United States of America
Impreso en los Estados Unidos de América

Agradecimiento

Soy muy afortunado ya que recibí ayuda de familiares, amigos y amigos de amigos para poder terminar este libro. Me ayudaron de muchas formas distintas — traducción, edición, revisión del manuscrito, sugerencias para secciones, anécdotas y experiencias de su propia vida. Me motivaron, me hicieron preguntas cómo "¿Aún no has terminado?", y me dieron una mano encontrando los recursos que necesitaba para terminar mi libro y publicarlo.

Me gustaría agradecerle (en ningún orden en particular) a: Edwin Lozada, Lorena Jacques, Elisa Delmuro, Francisco Aviles, Dr. Orlando Ramos, Gloria Maturino, Rosa Nieto, Luis Valle, Eric Rosengren, Ivon Perez y a Margarita Ortiz.

También a Ernesto Escobar por la traducción, Aldin Baroza por las ilustraciones, Paola Segnini por la edición y traducción, y a Pete Masterson por diseñar el libro.

Contenidos

Querido lector:

Tú vives en el que podría ser fácilmente denominado el país más rico y avanzado del mundo. Como un inmigrante que ha visto el mundo, yo personalmente soy testigo de ello. Desde que terminé mis estudios en la India hace más de una década, he viajado por muchos países del mundo, incluyendo Europa, Asia y por supuesto las Américas. Si hay algo que me ha impresionado en los años que he trabajado y viajado, son las increíbles oportunidades que se presentan aquí en los Estados Unidos.

Estados Unidos es el líder mundial en ciencia y tecnología y requiere trabajadores capacitados para mantener esta ventaja e inclusive mejorarla. Algunas veces Estados Unidos precisa reclutar inmigrantes de otros países para ocupar posiciones de este tipo. Algunas de estas son oportunidades fantásticas que pagan muy bien y que están dentro de tus posibilidades.

Bien sea que hayas nacido en el país más lejano o en el propio corazón de América, deberías sentirte interesado en obtener un buen trabajo. Con un trabajo así podrás tener una buena vida. Sin embargo, para estar calificado para este tipo de trabajo precisas comenzar a prepararte durante tu adolescencia. Como el adolescente que eres, estás en una etapa crítica de tu vida. Las decisiones que tomes en este momento determinarán tu futuro. De eso precisamente se trata este libro. En los años venideros, la vida te pondrá a prueba con las decisiones más difíciles y cruciales que jamás enfrentarás. De la manera en que reacciones ante estas difíciles (y a menudo desagradables) decisiones definitivamente formará tu futuro.

La intención de este libro es ayudarte a apreciar los posibles efectos de las decisiones que tomes. Esto es muy importante. A medida que vives los años de adolescencia, las decisiones que tomes decidirán en gran parte la calidad de tu vida como adulto. Obviamente, te puedes recuperar de tus malas decisiones, pero el tomarlas en primera instancia puede crear obstáculos problemáticos e innecesarios. Es tu vida, y lo que decidas hacer de ella es absolutamente tu decisión. Capta el mensaje central de este libro. Toma decisiones en tu vida sabiendo a qué atenerte. Y buena suerte en tu crianza.

— Sumant Pendharkar

P.D.

Me encantaría saber tu opinión. Escribe por e-mail o carta a:

sumant@hillviewbooks.com
P.O. Box 3473
Los Altos, CA 94024

Un análisis de la realidad

Estas son algunas verdades:

- Eres responsable de tu propia vida.
- Precisas dinero para vivir: comida, vivienda, medicinas, auto, seguro de salud, salidas con amigos, gastos personales... ¡todo requiere de dinero!
- Para obtener dinero, precisas ganártelo.
- La cantidad de dinero que ganes depende mucho de tu educación o de las habilidades que aprendas.

Un componente clave en la ecuación de la vida es el tiempo. Es lo único que nunca puedes recuperar. Todo el tiempo que desperdicies lo pierdes para siempre. Por supuesto, tú puedes desperdiciar tu adolescencia consumiendo drogas, abandonando la escuela, metiéndote en pandillas o quedando embarazada. Con fuerza de voluntad y buena suerte es posible que salgas del problema, pero perderías el tiempo más valioso de tu vida — la adolescencia— la cual pudiste aprovechar para construir fuertes cimientos para tu futuro.

El resultado de desperdiciar los años de la adolescencia es tener que jugárselo todo para recuperar lo perdido en la vida. Mientras que otros están disfrutando en sus veinti-tantos y treinta-y-tantos — manejando autos lujosos, comprando casas, viajando de vacaciones, disfrutando de pasatiempos y aportando a la sociedad— tú probablemente estarás en un trabajo de baja categoría y mal pagado y luchando desesperadamente por obtener una educación o aptitud para buscar salir de esa situación. Este tipo de lucha a veces se ve bien en las películas, pero en la vida real es mucho más difícil.

Seguramente, puedes reparar algunos de los errores cometidos, pero esto tiene su precio. Por ejemplo, supongamos que abandonaras tus estudios y te pusieras a trabajar ganando el salario mínimo. Un día te cansas de eso y decides volver a la escuela. Esto será lo que probablemente ocurrirá:

- Tendrías que tomar clases nocturnas o de medio tiempo, lo que retrasaría tremendamente tu educación.
- Tendrías que modificar tus hábitos (esto es más difícil de lo que parece).
- Tendrías que cambiar tu estilo de vida y así ahorrar dinero para pagar tus clases. Además, que probablemente tengas que solicitar préstamos. Todo esto mientras tus compañeros ya estarán pagando sus propios préstamos.
- Después de que te gradúes, tendrías que competir con gente mucho más joven que tu. Muchas empresas prefieren trabajadores jóvenes (No nos engañemos, definitivamente existe discriminación laboral basada en la edad).

Ten en cuenta que el tiempo no se detiene. Mientras enderezas tu vida, habrá muchos cambios en el mercado laboral. Muchos trabajos son reubicados fuera del país (especialmente trabajos de manufactura). El resto de los trabajos requieren muchas más aptitudes, y la tecnología le está sacando ventaja a todas las otras áreas laborales. Si decides estudiar desde el principio, tendrás una gran ventaja, mientras que si te quedas atrás te verás muy afectado.

La vida no es fácil. No la hagas más difícil de lo que ya es.

¿Cuánto cuesta vivir por tu cuenta?

Esto te costaría mensualmente vivir por tu cuenta (en el 2010) en una ciudad metropolitana de los Estados Unidos (varía en cada región):

Vivienda (renta). . . . . (aproximadamente) $750
Comida $100
Auto. $200
(Varía dependiendo de si es compra, financiamiento, renta, etc.)
Seguro, mantenimiento y combustible del auto. . $150
Seguro de Salud. $100
Entretenimiento $200
(salidas con tus amigos, cine, conciertos)
Ropa, gastos personales $150
TV Cable $50
Teléfono (fijo/celular) Servicios $100
(agua, electricidad, etc.)
Total Mensual . . . . (aproximadamente) **$1,850**
(Agrégale gastos por emergencias, muebles, vacaciones, etc.)

15

Y por supuesto tienes que pagar impuestos federales, del estado, locales y de seguridad social. En la mayoría de los casos estos impuestos se deducen directamente de tu cheque. De manera que para ganar lo suficiente para mantenerte después de impuestos, necesitarías por lo menos $2,600 al mes, o sea más de $30,000 al año.

¿Posees las aptitudes o educación para ganarte $30,000 al año?

Como prueba, utiliza la tabla que sigue para calcular cuánto cuesta vivir en tu ciudad. Las necesidades cambian de acuerdo al individuo, por eso ten en cuenta tus preferencias personales.

Categoría	Cantidad
Vivienda (renta)	_____
Comida	_____
Auto	_____
Seguro, mantenimiento y combustible del auto	_____
Seguro de salud	_____
Entretenimiento	_____
(Salidas con amigos, cine, conciertos)	
Ropa, gastos personales	_____
TV Cable	_____
Teléfono	_____
Celular, beeper	_____
Servicios (agua, gas, electricidad, etc.)	_____
Acceso a Internet	_____
Total	_____
Ahorros para emergencias	_____

¿No te alegra que otra persona pague tus gastos ahora que eres un adolescente?

Lo que debes hacer, cuándo y por qué

Etapas de la vida

Decisiones que cambiarán el curso de tu vida

Etapas de la vida

De la misma manera que aprendemos a caminar (gateando, poniéndonos de pie, dando el primer paso), vivimos nuestras vidas siguiendo una secuencia de etapas. Para la mayoría de la gente las etapas de la vida pueden ser descritas así:

Etapa I (Del nacimiento a los veinti-tantos)
- Aptitudes sociales
- Saber la diferencia entre el bien y el mal
- Fuerza de voluntad (aprendida de los padres, maestros y otros)
- Desarrollo personal
- Dedicación a la escuela, universidad

- Trato con tus amistades
- Evitar problemas con las autoridades
- Elegir una profesión/carrera
- Adquirir aptitudes laborales

Etapa II (Veinti-tantos a treinta-y-tantos)
- (Opcional) Obtener una maestría
- Conseguir trabajo; salir de deudas (aprender finanzas) y tarjetas de crédito
- Trabajo — ya sea para alguien más o abriendo tu propio negocio
- Estabilidad financiera; apreciación del valor del dinero a medida que pagas tus deudas y hallas un balance entre entradas y gastos
- Relaciones humanas/Romance
- Familia e hijos

Etapa III (Treinta-y-tantos a Cuarenta-y-tantos)
- Planificación financiera para comprar casa, invertir para la jubilación, criar hijos
- Convencer a tus hijos para que vayan a la universidad, afianzar tu profesión/carrera
- Adquirir nuevas aptitudes, trabajar como voluntario en causas sociales

Nota: He dejado por fuera los cincuenta-y-tantos y más etapas a propósito. En esta edad es cuando las decisiones tomadas con anterioridad surten efecto y lo que la gente haya hecho con sus vidas varía tremendamente de persona a persona.

La vida no es "completamente" predecible, y dependiendo de muchos factores— decisiones que tomes, tu historial familiar, algún talento escondido o simplemente algún golpe de suerte — las etapas de tu vida pueden ser muy diferentes a las de los demás.

Por ejemplo, si tienes talento para los deportes, la música o eres un genio, las etapas por las que vivas se podrían acelerar. Bill Gates dejó la universidad para fundar Microsoft; Tiger Woods dejó sus estudios para ganar torneos de golf; las hermanas Williams (Venus y Serena) han triunfado en el mundo del tenis. Bill Gates, Tiger Woods y las hermanas Williams tienen suficiente dinero para no trabajar un día más en sus vidas.

Pero no cuentes con ser una de estas personas privilegiadas. Son extremadamente escasas.

Decisiones que cambiarán el curso de tu vida

Quedar embarazada o embarazar a alguien mientras eres un adolescente

Antes de que corras el riesgo de un embarazo con sexo casual o irresponsable, mide las consecuencias de lo que podría ocurrir:

- Si eres mujer, estarías comprometiendo 18 años de tu vida para criar a una criatura. De seguro tendrías que dejar la escuela o la universidad. Si el padre no se hace responsable y no tienes su colaboración, estarás en un grave aprieto financiero o peor aún, tendrías que depender precisamente de aquellos a quienes decidiste ignorar cuando los desobedeciste — tus padres.

Tendrías que dejar atrás los años despreocupados de tu adolescencia y aceptar la responsabilidad.

Aún si tomas la decisión de tener un aborto o dar

a la criatura en adopción, podrías tener fuertes sentimientos de culpa que durarán por mucho tiempo (o para siempre).

- Si eres hombre, tienes una gran responsabilidad tanto con la madre como con la criatura. Para criar al bebé y mantener a la madre necesitarás dinero. Lo más probable es que tengas que dejar la escuela y ponerte a trabajar. A menos que sepas un oficio, probablemente ganarías el salario mínimo. Esto sería un golpe tremendo; imagínate cuánto necesitarás ganar para tener un nivel de vida decente, aún si estuvieses solo — comida, vivienda, ropa, auto, seguros, gastos para salidas, etc.

Aún si decides no afrontar tu responsabilidad e ignorar tu obligación, la justicia puede hacerte responsable y embargar tu salario aunque tengas un buen trabajo en el futuro.

Para que tengas una idea de lo difícil que es mantener una familia de tres personas, fíjate en la tabla de la página 13. Fuera de los gastos que aparecen allí (que no incluyen los costos del embarazo) agrégale los siguientes gastos:

- Seguro médico que cubra a la futura mamá y al bebé
- Tratamiento prenatal
- Los costos de dar a luz (lo siento, la cigüeña no hace reparto a domicilio gratis)
- Gastos de hospital y costos médicos que no cubre el seguro
- Ropa para el bebé, incluyendo pañales
- Comida para el bebé
- Medicinas para el bebé
- Niñera

- Cuna, carrito de bebé, caminador y juguetes para el bebé

Hay algo más que debes tener en cuenta. Te puedes casar para criar al bebé juntos, pero de acuerdo con las estadísticas estos matrimonios duran poco. Todos sabemos que el divorcio es una pesadilla para todos, especialmente para los niños. El divorcio conlleva a otros problemas como peleas por demandas, pagos para manutención y derechos de visitas. Tal vez lo peor de todo, tu niño tendría muchas dificultades emocionales si decides comenzar una nueva familia con otra persona. Por favor, ten presente estos riesgos antes de tener sexo con alguien. Pregúntate a ti mismo(a): *"¿Estoy listo(a) para mantener un hijo?"*.

Abandonar tus estudios

Escucha lo que dice Sara:

Cuando tenía 16 años dejé la escuela. Pensé que lo sabía todo y que no necesitaba estudiar más.

La verdad es que no estaba para nada preparada para afrontar la dura realidad de la vida. Sin el apoyo de mis padres, y con mis deudas acumulándose día a día, no tuve otra opción que trabajar por el salario mínimo en diferentes lugares. Sin tener educación y en este mercado con tanta competencia, tenía muy pocas opciones.

Cuando me di cuenta de la realidad, mi única opción fue regresar a la escuela para terminar mi GED y luego poder entrar a la universidad o a una escuela vocacional.

Te ruego que lo pienses mucho antes de dejar la escuela. Una vez que lo hagas es muy difícil regresar.

—Sara, 34 años, San José, CA

¿Cuánto podrías ganar sin una educación? El Departamento Laboral de los Estados Unidos confirma la advertencia de Sara. En 2008, el promedio de ganancias de trabajadores de tiempo completo mayores de 25 años fue así:

	Por Hora	*Por Semana*	*Por Mes*
Sin un diploma de la secundaria	$11.32	$453.00	$1963.00
Graduados de la secundaria, sin educación universitaria	$15.45	$618.00	$2678.00
Algo de universidad o un diplomado	$18.92	$757.00	$3280.00
Graduados de universidad	$25.30	$1012.00	$4385.00

Si llenaste la hoja de la página 18, compara tus costos de vida con los salarios anteriores. Pregúntate a ti mismo, *"¿Cuanto me gustaría ganar?"*.

Las Drogas

Las drogas son una triste realidad del mundo en el que vivimos ya que están disponibles en todas partes. Alteran la realidad mental y atraen a la gente, porque la hacen sentir bien por un rato. Desafortunadamente, con frecuencia una vez que pasa su efecto los hacen sentir mal (la mayoría de las veces muy mal). Lo cual hace que quieran más y más.

Lo escuchas todo el tiempo de tu familia, tus profesores, la radio y televisión — "sólo di que no", "no uses drogas". Estoy de acuerdo con esto. Pero ve un paso más allá — aprende sobre el tema.

Antes de pensar en consumir drogas ten en cuenta lo siguiente:

Las drogas alteran tu estado mental — afectan tu juicio y tu habilidad para pensar claramente. Posiblemente te arriesgues a hacer cosas que ni se te ocurriría hacer en condiciones normales. Podrías tal vez ponerte a ti mismo, tus seres queridos o tus amigos en grave peligro.

Muchas drogas que son ilegales actualmente comenzaron como un tratamiento medicinal pero resultaron ser altamente adictivas. Otras drogas producen efectos secundarios que las hacen peligrosas. Los científicos ya han desarrollado otras medicinas mejores, más efectivas y seguras. Los fabricantes de drogas ilegales no se preocupan por la seguridad o la calidad. Por ejemplo: ¿Sabías que utilizan líquidos como limpiadores de caños, ácido de batería y líquido de radiador para hacer anfetaminas?

¿Sabes cuál es el castigo penal en tu estado por poseer drogas? No te engañes — la posesión de drogas es un crimen. Es muy difícil enderezar tu vida después de que te han arrestado. Tendrías que recuperar la confianza de tu familia y de la sociedad, posiblemente pases tu valioso tiempo de juventud en la cárcel en vez de disfrutar la vida universitaria. Un pasado judicial afecta seriamente tus posibilidades de obtener un buen trabajo más adelante.

¿Cómo pagarías las drogas que consumirías? Los "viajes" que producen las drogas ilegales más conocidas duran entre 10 y 30 minutos. ¿Después qué pasa? Una onza de marihuana vale aproximadamente como $350, ("La Oferta de drogas ilícitas en los Estados Unidos"). ¿Será que violarás la ley de otras formas también para costearte el hábito?

Lo has oído antes, y es la verdad — ningún adicto a las drogas dijo al comienzo "Yo quiero volverme un adicto". El hábito te toma por sorpresa cuando menos lo piensas. ¡Ten cuidado! Debes estar alerta e informado acerca de las consecuencias de las drogas.

Ser parte de una pandilla

La gente por lo general se vuelve un pandillero para:
- Buscar pertenecer a algún grupo y ser parte de una familia (otros pandilleros)
- Tener acceso a influencias del grupo además de que todos crean que eres popular
- Lograr alimentar su ego; encontrar una forma de aumentar la autoestima por medio de un comportamiento propio de un macho
- Buscar protección de otras pandillas (especialmente en áreas peligrosas)

Estas son tentaciones fuertes, y son muy atractivas para muchos muchachos (y muchachas) que viven con miedo, soledad o pobreza. No importa cuál sea el atractivo que las pandillas te brinden, pueden causar un fuerte revés en tu vida. Mucha gente sabe que unirse a una pandilla es mucho más fácil que dejarla. Y por supuesto que pertenecer a una pandilla es la manera más segura de meterse en enredos con la ley. Como miembro de una pandilla arriesgarás arrestos y encarcelamiento, aparte del peligro que correrás de que te den un balazo (posiblemente letal). **Ten en cuenta que cuando te unes a una pandilla tu familia y amigos pueden convertirse también en víctimas.** Las heridas de bala son románticas sólo en el cine. Muchos ex-pandilleros ahora están en sillas de ruedas como resultado de heridas en

la columna vertebral durante guerras entre pandillas.

Sean las circunstancias que sean, no debes ser parte de una pandilla. Hay muchas otras formas de obtener lo que quieres de la vida. Una de ellas es hacerse voluntario, esto le proporciona un significado y un propósito a millones de personas. Hay cientos de organizaciones de voluntarios para escoger y seguro encontrarás alguna que te guste.

El voluntariado puede hacer muchas cosas por ti además de mantenerte ocupado y fuera de los peligros de la adolescencia. El ser voluntario proporciona muchos otros beneficios:

- Puedes sentirte parte de un grupo (una de las razones por la que muchos adolescentes se vuelven pandilleros)

- Puedes comenzar a establecer contactos (80% de todos los trabajos se obtienen a través de amigos y conocidos)
- Simplemente puedes hallar algo que realmente te gusta
- Es excelente para mejorar tu autoestima
- Es una excelente oportunidad para construir aptitudes sociales como hablar en público y aprender a trabajar en grupo

Aún si decidieras abandonar la pandilla algún día, piensa las consecuencias a largo plazo de unirse a ella. Debes estar al tanto que para obtener un buen trabajo tienes que llenar una aplicación de empleo y que la mayoría de las aplicaciones preguntan si alguna vez fuiste arrestado. ¿Cuáles son tus posibilidades de obtener un buen trabajo si tu respuesta es "Si" a esta pregunta?

Si quieres obtener más información sobre cómo convertirte en voluntario, visita la página www.servenet. org en Internet o llama al 1-800-VOLUNTEER. Puedes buscar opciones especialmente para adolescentes en el sitio de Internet.

Factores externos que influenciarán tu desarrollo

Tu vida consiste de una serie de eventos.

Cierto. Algunos de estos eventos están fuera de tu control. Tú no puedes controlar el clima, no puedes elegir a tus padres, tu lugar de nacimiento, tu raza o tu sexo. Tú no puedes evitar accidentes, enfermedades, los problemas conyugales de tus padres (incluyendo el divorcio), la muerte de uno de tus padres o los problemas financieros de tu familia. Sería una locura asumir que tienes control en un cien por ciento sobre cada evento en tu vida.

A pesar de ello, hay muchos eventos importantes que sí controlas. Tú decides qué libros leer, qué música escuchar y a qué valores aferrarte, qué amigos conservar y cómo afrontar problemas. En realidad, probablemente enfrentarás muchas decisiones críticas en el transcurso de tu vida. Estas decisiones no solamente determinarán tu nivel de vida, sino también qué tipo de persona serás.

Como un personaje de una película de cine dijo alguna vez, "En realidad somos la suma total de todas las decisiones que hayamos tomado".

La mayoría de las situaciones importantes que te ocurren están al menos en parte bajo tu control. Por el momento, olvídate de las cosas que no puedes cambiar; concentrémonos en las que sí puedes cambiar.

- Puedes elegir estudiar (secundaria, universidad y carreras avanzadas).
- Te puedes mantener en buena forma física y mental.
- Puedes ignorar tentaciones o las presiones de tus amigos para fumar, beber licor, consumir drogas o arriesgarte a que te arresten.
- Puedes influenciar el rumbo que tome tu vida al tomar decisiones inteligentes y bien educadas. No dejes que otros tomen decisiones por ti.

Mira siempre cómo los factores externos afectan tu desarrollo personal.

Amistades

Lo bueno

Lo malo

Lo feo

**¿Tu opinión de ti mismo... o la opinión de
otros acerca de ti?**

Lo bueno

"Dime con quién andas y te diré quien eres".

¿Has oído esta frase antes? Créelo o no, es muy cierta.

Tus amigos tienen una gran influencia sobre ti. No
solamente pasas mucho tiempo con ellos, sino que
probablemente haces muchas cosas para que te acepten
como amigo.

Por eso si quieres tener la aprobación de tus amigos
(¿y quién no?), debes elegir a tus amigos inteligentemente. ¿Cuál es la posibilidad de desviarte por un mal
camino si tus amigos tienen sus asuntos bajo control?
Simplemente, si andas bien relacionado, automática-
mente puedes evitar muchos problemas.

Lo opuesto también es cierto. Por ejemplo, si tus amigos fuman, podrías estar tentado a hacerlo también. Si tus amigos tratan de presionarte para que lo hagas, puede ser muy difícil decirles que no. ¿Por qué? Porque si te resistes a sus presiones, ellos pueden pensar que los estás juzgando o tal vez no te sientas aceptado por ellos si no lo haces. Por eso debes elegir amigos que no fumen, así no hay riesgo de que te influencien para que fumes.

Una de las ventajas de elegir amistades inteligentemente en la adolescencia es que puedes adquirir una estrategia ganadora en la vida sin sentirte inadecuado o fuera de lugar. Es más, si eliges el círculo adecuado de amistades, tus otras amistades te criticarán menos.

Piénsalo de la siguiente manera: Aquellos que te critican probablemente terminarán trabajando para ti. Mientras tú avanzas hacia el éxito, ellos probablemente estarán desperdiciando el tiempo y arriesgando su futuro fomentando las bases para el fracaso y dependiendo de otros.

Rodéate de amigos que al menos tienen estas características:

- Tienen una actitud positiva
- Tienen buenos modales
- Tienen una alta autoestima
- Les va bien en la escuela
- No fuman, no consumen drogas, ni beben alcohol (se abstienen o tienen disciplina al hacerlo)
- Disfrutan de un pasatiempo, deporte u otra actividad que también a ti te gusta
- Te causan admiración
- Te animan cuando te sientes decaído
- Te sientes bien con su presencia

Recuerda que la mayoría de la gente prefiere amistades que comparten las mismas actividades. Si ellos fuman o usan drogas, querrán que hagas lo mismo.

En mi caso personal, estoy muy feliz por haber andado con la gente correcta. Hoy la mayoría de mis amistades son profesionales: ingenieros, médicos, contadores, expertos en computación, etc. Como yo, ellos están bien posicionados en sus carreras, son independientes y pueden disfrutar de la vida al máximo.

Tú puedes hacerlo también.

Lo malo

Eres propenso a sentirte influenciado por tus amistades, especialmente en situaciones que son perjudiciales para ti. A menos que tengas suerte y tu grupo de amigos te influencie para que estudies, hagas ejercicio, comas bien… Por supuesto que esto no ocurre a menudo.

Cuenta con ello. Las amistades que fuman, beben licor o hacen travesuras querrán que hagas lo mismo que ellos.

¿Por qué crees que ellos quieren que participes en esas actividades?

Porque si no lo haces, estás demostrando una fuerza de voluntad mayor que la de ellos. Tú te estás preparando para mejorar tu vida, una vida que ellos probablemente nunca tengan. Ellos preferirían que tú compartas su situación.

Apártate de este tipo de "amigos".

Tú puedes participar en actividades que te mejorarán como persona y te prepararán para la vida. El mundo está lleno de posibilidades. En vez de destruirte, puedes invertir tu tiempo y energías en los deportes, los estudios, aprendiendo un lenguaje nuevo, trabajando como voluntario, la lectura o muchas otras actividades constructivas.

A propósito, ¿te aconsejarías a ti mismo fumar, beber o consumir drogas?

Si no lo harías, ¿por qué habrías de dejar que tus amistades lo hagan y te influencien?

Lo feo (muy feo)

No te engañes. Cualquiera que te pide (o te obliga) a que te metas en drogas, violencia, pandillas o actividades ilícitas, está en realidad haciéndote un daño.

Apártate de este tipo de personas, ellos no son tus amigos de todos modos. Si vives en un barrio donde esos tipos de actividades son comunes, evitarlos es mucho más difícil. Pero de todos modos debes hacerlo.

Habla con algún adulto a quien le tengas confianza (tus padres, consejero en la escuela, maestro, cura o rabino).

Declárate independiente y sé firme. ¡La gente te aplaudirá por eso!

Para vivir una buena vida, debes evitar las malas influencias que la vida te presenta.

¿Tu opinión de ti mismo ... o la opinión que otros tienen de ti?

Para la mayoría de los adolescentes, esta es una tarea muy difícil.

Los adultos generalmente no entienden esta etapa en la vida de sus hijos. Ellos se olvidan de cuán importante fue esto en su propia juventud. Por supuesto que en un mundo perfecto no te importaría la opinión que tus amistades tengan de ti. Pero en el mundo real, es difícil no preocuparse de ello. Los consejos de tus padres para que ignores la influencia de tus amistades te suenan muy cursi.

¿Por qué? Porque tú eres el que lo experimenta día a día en la escuela. Tú eres el que tiene que enfrentarse a la presión, los insultos y el rechazo.

Entonces, ¿cómo tratas a la gente que quiere que te hundas como ellos?

Apártate de ellos. Sé fuerte. Haz amistades con aquellos que tienen intereses similares a los tuyos —tales como clubes de pasatiempos, deportes o beneficencia. Y ten esto en cuenta: Una cosa es preocuparse de la opinión que otros tengan de ti (especialmente si respetas a esa persona). Pero, ¿te debes preocupar por lo que piensen aquellos a quienes no les preocupas? ¿A alguien le debe preocupar?

Nunca tienes que hacer nada sólo por complacer a otros.

Distracciones en la etapa de la adolescencia

Fumar

Noviazgo

Noviazgo en serio con compromiso a largo plazo

Televisión

"Oh, Estoy tan aburrido, No tengo nada que hacer..."

Fumar

Me diagnosticaron con enfisema pulmonar. ¿Sabes lo que eso significa? Tengo 41 años. Hasta que muera estaré conectado a un tanque de oxígeno. A dónde yo vaya, tengo que llevar el tanque de oxígeno.

Comencé a fumar cuando tenía 14 años porque pensé ¡qué interesante! Mis amigos fumaban, entonces yo fumaba. Dos de mis mejores amigos tienen cáncer de pulmón actualmente. Otro amigo fue más

inteligente y dejó de fumar antes de empezar a sufrir
problemas de salud.

Si fumas — deja de fumar. Si no fumas, entonces
nunca comiences a fumar. Es adictivo, y dejarlo es
muy difícil.

—Steve, 41 años de edad, Phoenix, Arizona

¿Cómo es que las compañías de tabaco vuelven a
las personas adictas al cigarrillo?

Primero que todo, las compañías tabacaleras tratan
de atraer a los adolescentes. Lo hacen convenciéndolos
que fumar los hará populares. Los comerciales muestran
hombres muy machos andando a caballo, o sentados
en barandas de un establo con el campo a sus espaldas.
También muestran lindas mujeres con cigarrillos en la
boca. Fue hasta que el gobierno lo prohibió que hicieron
comerciales directamente enfocados a los adolescentes.
Estos comerciales son muy atrayentes y en realidad
funcionan. De otra manera las compañías tabacaleras
no estarían gastando millones de dólares en producirlos.

Un agente de casting se le acercó a una amiga muy

allegada a mí. Ella es una actriz consagrada. Él quería que ella se uniera a un grupo de lindas actrices que iban a ir a discotecas a promover cigarrillos. Ella no aceptó. Eso fue un acto muy valiente de su parte, porque ella rechazó dinero y a la vez se mantuvo fiel a sus principios. (Favor leer la sección sobre ser un modelo de persona — página 65).

Entonces, ¿qué hacer? Tú puedes hacer lo mismo que muchas otras personas — enciende un cigarrillo. Entonces, ¿adivina qué? Lo más probable es que estarás enviciado de por vida. Los modelos, los actores y las compañías de publicidad ganan dinero además que las compañías tabacaleras adquieren un cliente de por vida (ese eres tú).

Y el fumar, ¿qué hace por ti? ¿Te hace realmente ver mejor?

Lo que en realidad hace es arruinar tu salud, hacer que tu ropa apeste y que tus pulmones se pongan negros. Si fumas lo suficiente, te puede causar enfisema pulmonar o cáncer.

(Si después de leer esto aún quieres fumar... Ey, es tu vida... tú elijes qué hacer con ella).

Noviazgo

No dejes que este se adueñe de tu vida.

En tus años de adolescencia, necesitas enfocarte en prepararte para las realidades de la vida. A pesar de que los noviazgos juegan un papel importante en la interacción con el sexo opuesto, si te enfocas mucho en tu noviazgo no vas a adquirir las aptitudes para salir adelante.

En vez de gastar tus energías en dolores de corazón y los altibajos emocionales que vienen con las relaciones, puedes invertir el tiempo en deportes, pasatiempos, estudios extracurriculares, viajes, aprender otros lenguajes y otras actividades. Tendrás mucho tiempo para relaciones una vez que estés establecido en tu carrera. Mientras tanto puedes descubrir por ti mismo el tipo de persona que eres, incluyendo qué te gusta y qué te disgusta. Descubrirte a ti mismo te ayudará a elegir mejor en cuanto decidas escoger una compañera(o) de por vida. Y te hará un mejor compañero(a) también.

Ten en cuenta lo siguiente: La mayoría de los matrimonios que inician en la adolescencia terminan en divorcio. ¿Por qué? Porque ni el muchacho ni la muchacha saben en realidad lo que esperan del matrimonio. Infelizmente, esto se hace más y más obvio a medida que ambos crecen y maduran. De pronto, la diferencia de expectativas de ambos se hace tan obvia que lo mejor es separarse.

En este momento tú no eres la misma persona que serás dentro de diez años.

Por supuesto, las parejas jóvenes a menudo tienen hijos, y esto complica las cosas.

Imagínate lo siguiente:
- Un matrimonio joven fracasa.
- Con hijos a quienes criar.
- Le sigue el divorcio.
- El padre o la madre recibe la custodia de los hijos.
- De acuerdo con la justicia, alguien tiene que hacer pagos de manutención para los hijos.
- Una vez que pasa la crisis emocional, los que se separan se vuelven a casar o comienzan una nueva relación seria, tienen más hijos... y la misma historia triste ocurre de nuevo.

A pesar de que es duro — mira a tu alrededor y date

cuenta cuántos de tus amigos o allegados pertenecen a familias en circunstancias como esta.

Pregúntate a ti mismo: "¿Necesito complicarme así la vida cuando estoy en mi adolescencia?".

Noviazgo serio con compromiso a largo plazo

Antes de que te veas envuelto en una relación seria y consideres un compromiso a largo plazo con alguien, pregúntate a ti mismo lo siguiente:

- ¿Qué me gusta en realidad de esta persona? ¿Tenemos cosas en común que ambos disfrutamos?
- Si ambos dejamos la escuela para continuar la relación, ¿qué clase de estabilidad financiera tendremos para el presente y el futuro?
- Si tenemos hijos, ¿me sentiré a gusto con esta persona como el padre/madre de mi hijo(a)?
- ¿Tenemos respeto el uno por el otro? ¿Cómo me trata ella (o él)?
- ¿Es mi pareja responsable y confiable?
- ¿Me veo a mí mismo pasando el resto de mi vida con esta persona?

Por curiosidad mira la sección de clasificados personales de tu periódico local. Notarás las siguientes características que la gente quiere encontrar en su pareja:

- Confiable
- Bien educado
- Inteligente
- Financieramente estable
- Con buena personalidad y temperamento
- Preocupado por tu bienestar
- Con una mente abierta
- Sin vicios
- Maduro
- Sincero

¿Cuántas de estas cualidades tiene tu pareja?

Y lo más importante, ¿sabes a ciencia cierta lo que quieres de tu pareja? ¿Estás seguro qué es lo que ella o él piensan de la vida?

Televisión

¿Cuántas horas de televisión basta ver?

Eso depende.

Si has terminado los deberes del día — tus tareas de la escuela, actividades deportivas, trabajo doméstico (¿Debo estar bromeando, cierto?) — y tienes tiempo libre y te quieres relajar, entonces hazlo, ve televisión.

El hecho es que no debes convertirte en un adicto a la televisión. Mírala como lo que es — entretenimiento.

Recuerda esto: Los actores, actrices, directores, productores y otros que presentan los programas lo hacen por su propio interés. Ellos están ganando dinero mientras tú pasas tu tiempo mirando sus programas y haciéndolos ricos.

La televisión te ofrece sólo un entretenimiento

pasivo. Cuando ves televisión, en realidad estás viviendo la vida de otros, no la tuya. Lo peor de todo es que mucha gente joven permite que la televisión piense por ellos. En fin, en realidad tú no puedes interactuar con el televisor; tú sólo puedes absorber lo que ves en él. ¿No crees que es mucho mejor pasar el tiempo meditando o compartiendo con otra gente?

¿Por qué es mejor pasar el tiempo así? Pues porque la mente actúa como un músculo: mientras más lo ejercitas (lo pones a prueba), más fuerte se pone. Así que si pasas tu tiempo analizando situaciones en tu mente, mejoras tu habilidad para pensar claramente. Si pasas el tiempo compartiendo con otros, puedes desarrollar tus aptitudes sociales, disfrutar de la compañía de tus amistades y aprender algo nuevo de ellos.

"¡Oh, estoy aburrido, no tengo nada que hacer…!"
(¿Qué hacer durante el tiempo libre?)

Como todo adolescente, probablemente tienes mucho tiempo libre.

Si utilizas este tiempo de una forma efectiva, recibirás muchos beneficios en el futuro.

Por ejemplo, en vacaciones podrías meterte a cursos de un lenguaje extranjero. Al aprender una lengua como el francés, alemán o japonés (obviamente el inglés es el más importante) podrás mejorar tremendamente tus opciones de empleo. También podrías expandir las posibilidades en tu vida. Sólo por curiosidad mira la sección de clasificados de empleo de tu periódico local y busca los trabajos que requieren conocimientos de una lengua extranjera (o lo consideran una gran ventaja).

Algunos de estos trabajos requieren que viajes por todo el mundo y además te pagan por hacerlo — algunas veces muy bien.

Mira lo que dice Stephanie que tiene 26 años y vive en Redwood City, California:

Me gradué de la universidad con un título de Artes Liberales. Para comenzar en una compañía bien establecida, acepté trabajar como temporal por $9.00 la hora (más o menos $19,000 al año).

Yo había tomado clases de francés como un segundo idioma y podía leerlo y escribirlo con fluidez.

El departamento de mercadeo estaba buscando a alguien con aptitudes en francés y yo estaba en el lugar adecuado en el momento preciso para lo que estaban buscando y fui contratada. La compañía me contrató con un salario de $32,000 al año, fuera de los beneficios. Fue el comienzo de una gran carrera y de una vida independiente.

¿No te gustaría estar en una situación similar algún día?

Dudas

Si eres un chico(a) promedio, ¿deberías continuar con tus estudios o ir a la universidad?

Sí, deberías.

Necesitas ese certificado que confirma que terminaste la universidad. ¿Por qué? Porque cuando busques empleo con una empresa, el supervisor o gerente mirará la sección de "Educación" en tu currículum vítae u hoja

de vida. Si no tienes un grado universitario, podrías
llevar las de perder.

Esta es otra manera de mirarlo. Tú eres un solicitante
de empleo entre muchos, y aún con una cantidad similar de experiencia, un candidato que se haya graduado
casi siempre va a tener ventaja sobre otro que no lo sea.
Haberse graduado te ayudará.

Considera también los siguientes datos de una encuesta que realizó el gobierno de los Estados Unidos:

En el transcurso de su vida, un *graduado de secundaria* gana **$250,000** más que otro que la haya abandonado.
Por otro lado, *un graduado de universidad* gana **$600,000**
más que lo que un *graduado de secundaria* gana en el
transcurso de su vida. Piénsalo así: Si cuatro años de
universidad representan $600,000 en el transcurso de
tu vida, ¡quiere decir que son $150,000 ganados por
cada año de estudios!

¿Hay alguna otra cosa que quisieras hacer durante
esos años que sea lo suficientemente importante para
renunciar a esta cantidad de dinero?

Fuera del beneficio monetario de ir a la universidad,
un grado universitario contribuye a tu crecimiento
personal. También harás amigos de categoría y buenos
contactos. Los contactos son una forma excelente de
obtener un empleo.

A la mayoría de la gente le va mejor en la universidad
que en la secundaria. ¿Por qué? Porque en la universidad te puedes especializar en algo que te interesa más y
no tienes que aprender una gran cantidad de materias,
como lo haces en secundaria.

Los principios que te llevan a través de la vida

¿Para qué tener principios?

Honestidad

Integridad

Fuerza de voluntad

Confiabilidad

Piedad

Principio de Equidad

Principios (repaso)

¿Para qué tener principios?

Tus principios (de acuerdo a su significado en el diccionario: valores o cualidades) determinan la clase de persona que eres. Los principios te ayudan a tomar decisiones acerca de tus relaciones con amigos, padres, hermanos, hermanas, y la sociedad en general. Tus valores elementales determinan cómo reaccionas a situaciones que ponen a prueba tu carácter.

Por ejemplo, haz de cuenta que encuentras una cartera o un bolso en la calle y decides abrirlo. Adentro encuentras dinero, tarjetas de crédito y una licencia de conducir. Tienes las siguientes opciones:

- ¿Llamas a la persona y le notificas?
- ¿Te quedas con el dinero y envías lo otro por correo para que la persona no tenga que reponer todo lo demás?
- ¿Te quedas con el dinero y tiras la cartera?
- ¿Te quedas con el efectivo, usas las tarjetas de crédito para compras fraudulentas y tiras lo demás?

¿Qué harías si te encuentras en esa situación?

Ahora, veamos cómo te comportarías.

- Si eres el tipo de persona que siente consideración por los demás, le notificarías al dueño. Si piensas que no es correcto quedarse con las cosas de los demás, tienes honestidad e integridad y devolverías todo.

- Si te faltan principios y piensas que el que lo encuentra se lo queda, te quedarás lo que puedes usar y tirarás el resto.

- Si de verdad no tienes principios y tienes intenciones poco honestas, podrías cometer un fraude utilizando las tarjetas de crédito de la pobre persona para comprar u ordenar artículos para ti.

Tú eres quien decide qué principios tienes. A la vez, tus principios determinan como vives tu vida.

Tus principios también determinan cómo tratar a tu novia o novio, hermanas, hermanos, padres, esposa o esposo, hijos, amigos, empresa, jefe y casi que todos los demás. Los principios son tu destino.

Algunos de los valores más importantes que definen tu carácter son la honestidad, la integridad, la fuerza de voluntad, confiabilidad, sensibilidad y un sentido de justicia. Estos son los cimientos de tu vida.

Miremos la importancia de cada uno de ellos.

Honestidad

Piensa en el ejemplo anterior, en el que encontraste la cartera o bolso de alguien y consideraste varias alternativas. Si en realidad eres honesto, vas a resistir la tentación de quedarte con lo que encuentras y devolverás todo al dueño. (¿Qué quisieras que otros hicieran si tú perdieras tu cartera o bolso?).

A medida que pasan tus años de adolescencia, el asunto de la honestidad se extiende a otras etapas mayores de tu vida. Por ejemplo, puedes estar en una posición de copiar en los exámenes, plagiar el trabajo de investigación de alguien, o engañar a tu novia o novio.

Ser honesto significa negarse a mentir, robar o

cometer actos que sabes que no son éticos (o en algunas oportunidades, ilegales).

En realidad se requiere de mucha fuerza de voluntad para seguir siendo honesto.

Recuerda esto. Toma mucho tiempo crear una reputación honesta, pero toma sólo una acción deshonesta para destruir dicha reputación.

Integridad

Imagina esto: Tus amigos se están drogando, o cometiendo algún acto de vandalismo, o haciendo alguna actividad ilegal. Ellos quieren que tú hagas lo mismo.

Tú sabes que lo que están haciendo no es lo correcto.

Si decides irte, ellos te querrán ridiculizar, te tratarán de cobarde, te sacarán del grupo o hasta puede que te amenacen.

En este caso estarás enfrentando una situación que requiere integridad.

Tú sabes cuál es la forma correcta de actuar. Y para hacer lo correcto, necesitarás de mucha integridad. Te tendrás que hacer valer ante ellos, a pesar de que te llamen cobarde.

Honestamente, si te vas y te niegas a participar, tú eres el valiente. Ellos son los cobardes que no tienen fuerza de voluntad. Ellos hacen cosas que tanto tú como ellos saben que son incorrectas.

Tú definitivamente enfrentarás situaciones que requieren integridad durante el transcurso de tu vida. Algunas de las decisiones más difíciles vendrán en algunos años, por eso debes practicar la integridad ahora.

Fuerza de voluntad

Como dato curioso, necesitarás tener fuerza de voluntad no sólo en tus años de adolescencia, pero también durante tu vida adulta.

Durante tus años de adolescencia, la fuerza de voluntad se aplica en ciertas cosas como:

- Respetar tu horario de hacer tareas de la escuela en vez de ver televisión o andar con tus amigos.
- Comer con moderación
- Andar con amigos que son menos populares que los otros pero que toman en serio sus estudios y quieren salir adelante en la vida
- No insistir constantemente a tus padres que te compren lo último de la moda en ropa, zapatos, música o CDs
- Invertir tu tiempo libre aprendiendo alguna aptitud o practicando un nuevo lenguaje
- Planificando tu futuro sin caer en tentaciones o distracciones
- Haciendo planes para la universidad

Mientras más practiques el arte de la fuerza de voluntad, más control tendrás sobre tu vida.

Mira a tu alrededor. ¿Ves adultos con dificultades económicas? Probablemente así sea. ¿O gente sin ahorros, con sus carreras arruinadas, trabajando en trabajos horribles y llevando una vida miserable? En el peor de los casos ellos viven de la beneficencia del gobierno.

Pregúntate a ti mismo cómo llegaron a esta terrible situación.

La mayoría de estas personas podrían haber evitado esta situación si hubiesen utilizado su fuerza de voluntad. Desafortunadamente, muchos adultos continúan comportándose como niños irresponsables y toman decisiones poco acertadas como comprar sin tener con qué pagar, desperdiciando sus ahorros para la vejez o no planificando sus carreras acertadamente. Las personas así tienen un serio problema.

Entre más pronto aprendas a utilizar la disciplina, mejor preparado estarás en la vida.

Sólo por curiosidad, practica un truco nuevo la próxima vez que te ofrezcan algo que sepas que no es muy bueno para ti (por ejemplo, chocolates). No los aceptes. Puede que te moleste al principio, pero con el tiempo te acostumbrarás a tener fuerza de voluntad. Mientras más practiques la fuerza de voluntad ahora, te será más fácil en unos años.

La fuerza de voluntad no es fácil y no es nada agradable practicarla, pero la gente que aprende a controlar sus impulsos tiene mayor control sobre sus vidas. Los que poseen fuerza de voluntad se evitan problemas y se ahorran las malas consecuencias que generalmente persiguen a aquellos que les falta fuerza de voluntad.

Confiabilidad

Confiar significa "ceder confianza o seguridad".

Ya que tú probablemente "dependes" de tus padres (o quien te haya criado), sabes la importancia de ser confiable. Entonces, ¿no deberías actuar de la misma manera?

Para ganarte la fama de ser confiable, necesitas cumplir las promesas y compromisos que hagas.

Por ejemplo, prometes llamar a tu mamá si decides quedarte hasta tarde en casa de un amigo.

Te olvidas hacerlo y tu mamá se preocupa por ti.

¿Crees que ella te considerará confiable después de

eso? Probablemente no. La próxima vez que te comprometas con tu mamá, ella probablemente va a dudar de que vayas a cumplir tu promesa.

Mientras más pronto obtengas la reputación de ser confiable, mejor te va a ir. Tus compañeros, amigos, padres y profesores te tratarán con mayor respeto. Tal vez puedas comenzar a disfrutar de privilegios como por ejemplo, que tus padres sean más generosos a la hora de prestarte el auto, o te den libertades adicionales. O lo mejor de todo, te comenzarán a tratar como un adulto.

Es curioso, pero una de las características que las empresas más buscan en sus prospectos es confiabilidad.

Adquiere este principio y en verdad le tomarás ventaja a la vida antes que los otros.

Piedad

El significado del diccionario es "pendiente del bienestar y los sentimientos de los demás".

Otras palabras con el mismo significado son compasión, solidaridad y comprensión.

La piedad es otra cualidad que te llevará lejos en la vida. Si eres sensible y muestras compasión por el bienestar y sentimientos de los demás, serás una mejor persona. La otra gente verá eso y te respetará por ello.

Te verás en situaciones en las que tus amigos se burlen de alguien más débil, o insulten a alguien del sexo opuesto. En esas ocasiones, necesitarás tal vez no sólo ser piadoso pero también tener valentía para defender a aquel que esté siendo atacado.

Nunca pienses que te considerarán un "cobarde" porque muestres piedad.

Al contrario, la gente a tu alrededor te respetará por ser así.

Principio de equidad

Este es uno de los principios más importantes. Después de que te vuelvas una persona con buen sentido de equidad, verás que tu vida será recompensada — posiblemente con dinero, pero definitivamente en tus relaciones con tus amigos, familia y con otros. Esto te será útil más adelante cuando estés en tu carrera o manejando tu propio negocio.

Para adquirir un sentido de equidad, necesitas tener honestidad, coraje, fuerza de voluntad y piedad — algunos de los principios que ya discutimos.

Imagínate la siguiente situación. Eres el capitán de un equipo de fútbol y tienes la autoridad de elegir tus jugadores. A medida que te decides por quienes ocuparán las posiciones, precisas resolver lo siguiente:

- Dos jugadores compiten por la misma posición;
- Uno de los jugadores es uno de tus mejores amigos;
- El otro, que no es tu amigo, pero es mejor jugador.

Como capitán del equipo debes elegir uno de ellos. Como ves, esta no es una situación envidiable.

¿Cuál jugador debes elegir? Si eliges a tu amigo, estás demostrando favoritismo.

Si eliges al otro, que es mejor jugador, estarás haciendo lo que es mejor para el equipo. *Y también estarás demostrando que practicas la equidad.*

Por supuesto, todo tiene su precio. Tu amigo tal vez ya no quiera ser más tu amigo, otros te tratarán de traidor y tus otros amigos podrán criticar tu decisión. Pero tu sentido de equidad es más importante.

Además, hay otra gente a quien tener en cuenta fuera de tus amigos y conocidos. Tienes que pensar en tu equipo, ya que ellos dependen de ti.

Tendrás que tomar este tipo de decisiones en el transcurso de tu vida. Debes adquirir un sentido de equidad y tomar tus decisiones de acuerdo a ello.

Principios (repaso)

La importancia de los principios no podría ser mayor.

Los principios hacen de ti lo que eres. Los principios definen tu carácter.

A medida que tu te "crías", debes de tener claro tu tabla de principios. Tus principios te ayudarán a tomar las decisiones correctas a medida que transcurre tu vida.

Trata de leer libros y artículos acerca de las personas que tengan los principios y valores que tú admires. Hazlos tus ídolos y trata de ser como ellos.

A medida que enfrentes situaciones en la vida que te hagan escoger entre el bien y el mal, piensa cómo reaccionarían tus ídolos.

Tu desarrollo mental y físico

Mental

Físico

Mental

Lectura

¡Felicitaciones por haber leído hasta este punto del libro a pesar de distracciones tales como la televisión y la música!

El leer, como mínimo te proporciona los siguientes beneficios:

- Te ayuda a mejorar tu vocabulario
- Te permite practicar la lectura y absorber información
- Te da la oportunidad de formarte una opinión acerca de algo (sin tener la influencia de un narrador de radio o televisión)

¿Qué debes leer?

Ve a la biblioteca local o librería e inspecciona los estantes. Probablemente vas a encontrar algunos libros que te interesen. Trata de incluir libros tanto de ficción como de no ficción en tus lecturas.

Algunos de los mejores libros de no ficción se titulan "¿Cómo...?" Tu biblioteca local o librería generalmente tiene una gran selección de este tipo de libros, especialmente en el área de autoayuda, referencia o sicología. Puedes comenzar a leer libros tales como "¿Cómo mejorar tu vocabulario en 30 días?", o "¿Cómo planificar tu futuro?", o "¿Cómo sacar mejores calificaciones?". Es increíble lo útil que pueden ser estos libros.

Muchos de ellos generalmente te recomiendan otros libros, ya sea al comienzo o al final. Yo personalmente he leído muchos de estos libros. Algunos de ellos son clásicos. Estos libros han ayudado a muchas personas (incluso a mí) y nos han motivado a luchar por nuestros sueños y metas.

Los libros posiblemente te ayuden a ti también.

Existen muchas novelas, historias

cortas y muchas otras obras de ficción que son a la vez entretenidas y estimulan la mente.

Sugerencia: Mantén un diccionario a la mano cuando leas. Acostúmbrate a utilizarlo cuando no estés seguro del significado de una palabra. Esta es una manera segura de mejorar tu vocabulario.

Navegando en Internet (http://www...)

Y ahora que estamos en el tema de la lectura:

Si tienes acceso a Internet (WWW), puedes pasar muchas horas entretenido mientras navegas y aprendes. ¡No dudes en hacerlo! Aprende cómo hacer búsquedas en línea y sigue las referencias. Internet puede también ayudarte a encontrar libros para leer. Por ejemplo, hay muchas librerías virtuales en línea como amazon.com y barnesandnoble.com.

Sólo que debes tener cuidado. El tiempo vuela en Internet y muchas personas pierden el tiempo yendo de página en página. Para este tipo de gente, Internet

es como la televisión de la era moderna — que no es exactamente alimento para el cerebro. Con un poco de cuidado y sentido común, puedes hacer de Internet una aventura increíble y a la vez una gran experiencia mientras aprendes.

Escritura

Escribe.

Exprésate. Escribe acerca de tus pensamientos y emociones en un papel (o computadora).

El escribir puede hacerle bien al alma. Por medio de la escritura puedes reducir la depresión, la ira o el dolor. Se ha comprobado que escribir las frustraciones ayuda a aliviar el estrés.

Haz que tus padres, un profesor, un buen amigo, u otra persona a quien respetes lean lo que escribes. Trata de encontrar a alguien que tenga experiencia en escribir, y pídeles que evalúen lo que haz escrito. El o ella te pueden dar una nueva perspectiva y hacer sugerencias que pueden mejorar la calidad de tu escritura.

A través del tiempo vas a desarrollar un estilo de escritura que es sólo tuyo. Nunca se sabe, quien quita que exista un escritor profesional dentro de ti.

Pasatiempos

Elige un pasatiempo.

Por ejemplo, tú podrías:

- Construir aviones armables
- Armar artículos eléctricos
- Jugar con trenes miniatura (¡Muchos adultos lo hacen!)
- Escribir para el periódico de tu escuela o de tu comunidad

- Leer acerca de otros países, lenguajes y culturas
- Tocar un instrumento musical
- Coser
- Plantar frutas y flores
- Hacer carpintería
- Hacer pasteles, decorarlos, etc.
- Coleccionar conchas de mar, insectos (muertos), estampillas, o monedas
- Dibujar o pintar
- Practicar algún deporte — tenis, básquetbol, fútbol, hockey, etc.

... hay muchos otros pasatiempos que puedes disfrutar.

A propósito, es posible que encuentres un pasatiempo que se convierta en carrera.

Por ejemplo, una profesora de Asuntos del Consumidor (de vestuario) de una universidad comenzó con un pasatiempo de costura.

A la hija de una amiga mía le encantaba tocar el violín. Un director de una sinfónica vio su destreza para tocar violín y le ofreció un puesto en su orquesta.

Físico
Tu apariencia física

Tu apariencia física es muy importante. La primera impresión que otros tengan determinará lo que piensen de ti, y la apariencia física determina muchas veces la primera impresión. Nadie quiere admitir esto pero te guste o no es cierto.

No, no me refiero a tu apariencia física tradicional — bien sea que eres gordo, delgado, bajo, alto, bien parecido o poco bonita. Me refiero a cómo te comportas

y como te muestras ante el mundo. La impresión que haces se basa en lo siguiente:

- Te ves limpio o desaliñado;
- Te paras derecho o encorvado;
- Tu cabello está bien peinado o sucio;
- Te vistes decentemente o como pordiosero.

Mantener una buena apariencia física requiere de cierto esfuerzo, pero vale la pena. Si no me crees, haz un experimento. Vístete formalmente un día (usa traje y corbata si eres hombre, y un vestido formal si eres mujer), y entra a una tienda, un banco o un restaurante y pon atención a cómo la gente te trata. Compara eso a cómo la gente te trata cuando usas una chaqueta desgarbada, tus tenis sucios y cuando andas tu camisa medio salida y por encima de unos pantalones de mezclilla desaliñados.

De una forma u otra, cómo te vistas hace que haya una gran diferencia en como la gente te trata.

La Dieta

(La única información que necesitas es tener cuidado con tu peso)

Dieta. Esta palabra hace que mucha gente tiemble, y a pesar de eso, es una de las palabras de las que más se habla y se escribe en el mundo.

El significado de esta palabra en el diccionario es "comer escasamente o comer de acuerdo con reglas predeterminadas".

"Comer escasamente" suena parecido a "comer moderadamente" o "comer sólo lo preciso". Hay miles de libros escritos acerca de las dietas que más o menos repiten lo mismo.

¿Sabías que para miles de personas llevar una dieta es la cosa más difícil? Parece como que la misma palabra dieta liberara algún tipo de químico en nuestro cerebro que nos hace desear comida que de otra manera nunca pensaríamos en comer. La mayoría de la gente piensa que las dietas son algo horrible que restringe nuestras vidas y requiere una fuerza de voluntad férrea pero a la vez nos causa poca satisfacción. Por eso es que muy poca gente se apega a ellas.

Es por eso que recomiendo que elimines la palabra dieta de tu vocabulario. Usa mejor la terminología larga (del diccionario) — **comer adecuadamente.**

Para mantener una buena salud y tu peso recuerda la siguiente regla: *Come 15 veces en calorías el peso ideal que quieres mantener.* Por ejemplo, si quieres pesar 150 libras debes de comer 15 x 150, o el equivalente a 2,250 calorías por día.

Por supuesto, esto no es siempre fácil. La mayoría de los restaurantes sirven mucha más cantidad de comida que lo que el cuerpo humano necesita para así poder justificar el precio que cobran. Por ejemplo, algunos restaurantes sirven hasta una libra de pasta por plato. Esto por sí solo son 800 calorías. Si le agregas la salsa son como 600 calorías más. Aún si eso es todo lo que comes, ¡estarás ingiriendo como 1,400 calorías!! Si le agregas una bebida gaseosa (150 calorías) ya llevas 2,150 calorías. Y esto es sólo por una comida (almuerzo o cena). Si le agregas lo que has comido el resto del día, verás como las calorías se van sumando.

Entonces hay que seguir una política con respecto a las dietas: No te niegues nada; solamente usa tu sentido común al comer.

En vez de comerte sólo el plato principal, compártelo con alguien más. Si estás comiendo solo, deja de comer a la mitad y llévate el resto para comértelo más tarde. También, come despacio. Al estómago le toma de 15 a 20 minutos enviarle una señal al cerebro diciéndole que estás lleno. La mayoría de la gente come rápido y entonces están completamente llenos cuando el estómago le envía la señal al cerebro.

No todas las comidas son iguales. Aún cuando dos tipos de comida tienen la misma cantidad de calorías, puede que ambas contengan diferentes porcentajes de grasa. Lo que significa una gran diferencia. Se sabe que el cuerpo guarda calorías de comidas grasosas más eficientemente que calorías que las comidas sin grasa. Por ejemplo, un melón tiene las mismas calorías que una porción de helado, y aún así tu cuerpo guarda la grasa del helado más fácilmente que el carbohidrato del melón. De manera que contar el contenido calórico no es suficiente. Debes saber en qué consiste lo que vas a comer y debes ajustar tus hábitos de comida de acuerdo a eso.

A menos que tengas una gran fuerza de voluntad, no te apenes de cargar siempre una calculadora con una tabla de calorías. Es un gran esfuerzo y cuando no la usas te sientes culpable. Utiliza tu sentido común. Probablemente estás al tanto de lo que engorda y de lo que no engorda.

Personalmente, me hubiera gustado haber seguido este consejo antes y no tener que librar la batalla contra el peso ahora. Por supuesto que mis padres me lo advirtieron — pero ey, ¿quién escucha a los padres? Ahora que me estoy "criando a mí mismo", sigo esta simple regla: Como la mitad (o menos) de lo que comería normalmente. Por ejemplo, cuando como postres, chocolates, quesos, nueces o galletas, me como sólo la mitad de lo que yo creo que quiero. (Después de que me acostumbre a esta rutina, reduciré la ración aún más).

Ejercicio

Ejercicio. Esta es otra palabra que hace temblar a la gente.

Después de las dietas, este es el tema más hablado y del que más se escribe en nuestra sociedad actual.

Así como las dietas, el término ejercicio debería perder su misticismo. El significado en el diccionario es "buen estado físico" ¿No te gusta más esa definición?

Con el ejercicio mantienes tu buen estado físico. Si tienes un buen estado físico, obtienes muchos beneficios —

mejor circulación sanguínea, mejor digestión, una actitud saludable, resistencia a enfermedades, mejor habilidad mental y muchos otros beneficios. Lo más importante es que al mantenerte en forma mantienes tu corazón en forma. Y no sobra decir que el ejercicio te da la ventaja adicional de quemar calorías. Esto significa que te puedes comer aquel helado de chocolate (la mitad, por supuesto) sin sentirte mal.

Cuando quemas calorías gracias al ejercicio o una actividad física, el proceso no termina allí. Al quemar esas calorías incrementas tu índice metabólico basal — que es la tasa a la que tu cuerpo quema calorías mientras descansa.

A pesar de lo que se cree, mantenerse en forma no es muy difícil ni complicado. Tu programa de ejercicio puede ser tan simple como subir escaleras, caminar una milla o dos o practicar el deporte que gustes.

¿A dónde puedes ir para mantenerte en forma? Puedes hacerlo de la manera barata o la cara:

- *Barata:* Utiliza canchas y lugares públicos para trotar, jugar tenis, correr, escalar, y otras actividades físicas. O métete a un equipo en tu escuela.
- *Cara:* Suscríbete a un gimnasio.

Entrégate al deporte o actividad física que disfrutes — andar en bicicleta, bailar, caminar con un amigo, etc. Practica el deporte de cualquier manera que desees.

Recuérdalo: Tú estás haciendo esto por ti mismo. No te dejes impresionar por algún deportista en la televisión. Lo que él o ella haga le beneficiará a él o a ella, pero puede que a ti no te beneficie. Encuentra algo que disfrutes hacer. El asunto es que hagas buen ejercicio y que te haga sentir bien, puedes ignorar lo que los medios de comunicación te digan.

Recomendaciones para mantener tu peso adecuado

La manera en que trates tu cuerpo ahora afectará directamente cómo te sentirás cuando envejezcas.

Cuando eres un adolescente, tu cuerpo aún está en período de desarrollo y crecimiento. En esta etapa el cuerpo necesita de una gran variedad de nutrientes los cuáles vienen de una dieta balanceada de mezclas de alimentos. No te prives de estos alimentos pues es posible que afecte cómo se desarrolle tu cuerpo — cabellos, ojos, piel, estatura, peso, etc.

El comer menos de lo que precisas te puede hacer sentir cansado y adormecido, o puede afectar tu rendimiento en la escuela (concentración).

Una buena combinación de comida y actividad física harán maravillas por tu desarrollo físico. Esto tendrá un gran impacto en tu calidad de vida.

Cuando tengas dudas acerca de tu alimentación, busca el consejo de un médico o algún adulto que conozca del tema. No te conformes con consultar con tus compañeros; probablemente la información que ellos te den sea incorrecta o incompleta.

Criándote cuando eres hombre

Persona ejemplar (sí, tu mismo)

Si te haces el popular posiblemente no tengas un buen futuro

¿Eres un(a) caballero (dama) o un(a) estúpido (tonta)?

El sexo y tú (el acto sexual)

Persona ejemplar (sí, tú mismo)

Posiblemente tú le sirvas de ejemplo a alguien algún día — posiblemente a tu hermano, hermana, un chico del vecindario o (en el futuro) a tus propios hijos. Esto es una gran responsabilidad.

Probablemente, existe alguien a quien quieras tomar como ejemplo para seguir sus pasos. Piensa en las cualidades que tiene esta persona. Escríbelas. Ten en cuenta qué necesitas para convertirte en el modelo a seguir de alguien. Piénsalo. Si tú no tienes tu vida en orden, ¿cómo puedes esperar que otros sigan tu ejemplo? Y si alguien te mira como ejemplo, ¿no te gustaría merecerlo? ¿No crees que sea mejor tener una influencia positiva sobre los demás que una influencia negativa?

Las cualidades de una persona ejemplar son:

- Integridad (honestidad)
- Respeto por los demás
- Compromiso
- Generosidad
- Responsabilidad
- Excelencia en el trabajo
- Liderazgo
- Visión (aptitud para pensar en el futuro)

Si te enredas en drogas, pandillas, vandalismo o violencia, puedes correr dos riesgos. Uno es que nunca nadie te pondrá como ejemplo. El otro riesgo es que tal vez alguien te ponga como ejemplo y termine destruyéndose contigo. De una forma u otra, la sociedad tiene poca paciencia para la gente que se enreda en actividades criminales. Esto seguramente te causará serios problemas a ti y a los que sigan tus pasos.

Pretender ser el popular hoy no te llevará a un futuro ganador.

El pretender ser ganador es un asunto que casi todos enfrentamos en algún momento de la vida.

El deseo de "parecer ganador" generalmente se deriva de la vanidad, que es una terrible debilidad humana. El deseo de "ser el popular" generalmente conlleva en los adolescentes a comportamientos destructivos tales como fumar, beber y usar drogas. El antídoto para prevenir las consecuencias de pretender ser "ganador" es la sencillez.

Cuando me refiero a "sencillez" no se trata de odio a ti mismo o masoquismo, por el contrario, la verdadera sencillez es en realidad una manera de confianza en uno mismo. Es una actitud personal en la que no se busca aprobación de los otros, y se rehúsa a ceder ante las presiones a las modas de la época. Significa vivir la vida sabiamente y con una mente clara.

La sencillez no es algo que todos tenemos naturalmente. Viene con el tiempo. Y si viene muy tarde puede tener un efecto poco constructivo. La mayoría de la gente "popular" experimenta una dolorosa pérdida de su estatus más adelante en sus vidas. A medida que los años pasan, ellos observan que los otros jóvenes maduran y son exitosos, obtienen autoestima, un buen nivel económico, independencia y respeto.

Andando por ahí y pretendiendo ser el "ganador"

puede posiblemente hacer que hagas muchas amistades ahora. Pero un día puedes terminar parado en una esquina buscando trabajo día tras día. ¿Qué tan ganador te sentirás entonces?

¿Eres un(a) caballero (dama) o un(a) estúpido (tonta)?

Esta es otra de las decisiones que tomarás durante el transcurso de tus años de adolescencia. Te puedes dar cuenta cómo algunos de tus amigos tratan a los otros — cómo tratan a los del sexo opuesto, personas incapacitadas, gente de otras razas y a otros seres como las mascotas.

Algunas personas consideran bueno hacer comentarios burlescos acerca de la apariencia física de otros. Generalmente, los comentarios que este tipo de personas hacen son casi siempre negativos. Casi todos los consideran como estúpidos. Cuando una persona trata de hacer amistad contigo siendo molesto(a) no caigas en la trampa.

A pesar de que no puedas influenciar a tus amigos que tengan este tipo de actitud "estúpida", debes mantener la distancia de ellos. Si no lo haces, la gente probablemente te asociará con ellos a pesar de que no actúes igual.

Piensa que será mucho mejor para tu autoestima si la gente que te rodea te considera una persona decente y centrada. Estarás en una posición envidiable.

Recuerda, "No vas a crecer si pistoeas a los demás".

El sexo y tú (el acto sexual)

El acto sexual sin protección puede ser fatal. No es sólo el problema de la muchacha quedar embarazada, el problema también es tuyo. Tú también tienes una responsabilidad, y si tu crees que te puedes escapar, piénsalo de nuevo. Existen leyes hoy que te hacen pagar por este tipo de actos.

Un embarazo no deseado puede afectar tu vida enormemente. De un momento a otro tus responsabilidades se triplicarían — tendrías que responder por tu compañera, el bebé y por ti mismo.

Además de embarazar a tu compañera, te arriesgarás a contraer enfermedades venéreas. Y por supuesto, si te contagias de SIDA, sabes que no existe cura.

Criándote — si eres mujer

Una cosa muy importante que no les ocurre a los hombres

La vida no tiene garantías

El sexo y tú (el acto sexual)

El licor (y/o las drogas) no se mezclan con el noviazgo

¿Cómo lidiar con estúpidos (muchachos) y su abuso (físico o verbal)?

Estereotipos en el trabajo

Una cosa muy importante que no les ocurre a los hombres

¡Quedar embarazados! No importa cuanto un hombre se complique la vida, él no puede complicársela quedando embarazado. En cambio tu sí.

Si esto sucede y decides quedarte con el bebé, nadie

garantiza que el papá te ayude. Es posible que tú seas la responsable de criar al bebé, educarlo e inculcarle principios. Bien sea que lo hagas por ti misma, o con la ayuda de tu familia y/o del papá del bebé, criar un niño es una tarea muy difícil. Un estudio recientemente publicado indica que las madres solteras tienen ocho veces más probabilidades de vivir en la pobreza que aquellas en matrimonios formales.

OK, la vida no es justa.

Entonces, ¿por qué hacer las cosas más difíciles complicándote la vida?

(Nota: Para entender los retos que enfrentarías como una madre adolescente, lee el libro *Reviving Ophelia* de Mary Pipher, publicado por Ballantine Books).

La vida no ofrece garantías
(Debes estar preparada para enfrentar la vida tú sola)

Aún si sueñas con tener un esposo que te colabore económicamente por el resto de tu vida, necesitas prepararte para lo que venga. No se sabe qué pueda pasar.

Un pensamiento (sueño) muy común es: Yo me casaré con alguien rico. Él me va a mantener para siempre.

Realidad #1: A menos que tengas una buena educación, además de la sofisticación y aptitudes sociales que ello conlleva, es poco probable que los hombres ricos se fijen en ti. No importa qué tan bonita seas. En el mundo real, los hombres (y mujeres) adinerados generalmente se casan con personas del mismo nivel económico y social. Los cuentos de fantasía en que los hombres ricos y atractivos se casan con la pobre Cenicienta sólo ocurren en las novelas.

Realidad #2: Muchos tipos ricos sea aburren de las posesiones materiales, y hay una probabilidad de que es así exactamente como te van a tratar – especialmente si caen en cuenta que tú estás interesada sólo en su dinero. Para este tipo de personas tú puedes ser un juguete más, el que van a desechar en cuanto se cansen.

Realidad #3: Aún si logras casarte con un tipo rico por su dinero, ¿qué hará que el matrimonio funcione? ¿Cuánto tiempo puedes vivir y dormir con un hombre que no amas en realidad? Y te garantizo que tarde o temprano el tipo se dará cuenta de la razón por la que te casaste con él. Si él tiene un poco de autoestima, se divorciará de ti de inmediato.

¿Por qué te vas a poner en esa posición?

Como nueva divorciada, ¿vas a renunciar a los gustos caros que te dabas cuando ibas de compras con su dinero? ¿Estarías preparada para adaptarte a tu nuevo estilo de vida? Otra cosa que considerar es que las amistades que hiciste como su esposa eran sus amistades. Esos amigos probablemente le sean fieles a él. No a ti.

Tal vez lo más importante, ¿serás capaz de recuperarte después de que él te deje? ¿Podrás salir de un divorcio, comenzar de nuevo y continuar? ¿Tendrás algo en qué apoyarte para que tu mente no esté ocupada con la pena de la separación?

Por tu bien, debes analizar todo lo anterior antes de que caigas en este tipo de situación.

Simplemente, no hay nada en la vida que reemplace el obtener una educación y las aptitudes para un buen trabajo que pague bien. Primero que todo, esto hará maravillas con tu autoestima. Si estás en una mala relación, podrás dejarla sin preocuparte por tu manutención. Declararías tu independencia, y nunca tendrías que continuar en una relación sólo porque no puedes sobrevivir por ti misma. Ten en cuenta lo siguiente — la gente exitosa es como un imán: siempre atraen a otra gente exitosa.

Además, si adquieres educación, aptitudes y una buena autoestima, puedes ser una compañera completa en una relación futura. Tu compañero podrá contar con tu apoyo para adquirir nuevas aptitudes, comenzar un nuevo negocio o tomar decisiones para mejorar el estilo de vida.

El sexo y tú (el acto sexual)
Estas son algunas de las cosas que debes tener en cuenta:

Si tienes sexo con tu novio, hay muchas probabilidades que él haya hecho lo mismo con alguien más. Tú no sabes qué tipo de enfermedad haya adquirido de otra persona.

Si te contagias de SIDA... bueno, ya sabes que no existe cura para el SIDA.

Si quedas embarazada, ¿cómo sabes que él estará allí para mantenerte a ti y al bebé? Suponiendo que él está en posición de mantenerte financieramente, ¿estás lista para tener un bebé? ¿Sabes lo que se necesita para criar un niño? ¿Has pasado al menos un día con alguien que tenga un niño y consideraste estar lista para tomar ese mismo tipo de responsabilidades?

Sería prudente que tengas en cuenta si ocurre lo peor. Si quedaras embarazada, tu novio te dejara y tuvieras que irte de tu casa, ¿estarías lista para criar al bebé tú sola? ¿Has terminado aún de "criarte a ti misma"?

Si tienes en mente tener relaciones sexuales, por tu propio bien siempre insiste en que tu compañero utilice un preservativo. Pero debes de estar al tanto y preparada para las consecuencias si esta protección falla.

El licor (y/o las drogas) no se mezclan con el noviazgo

Se sabe que el alcohol y las drogas alteran tus sentidos y te hacen irresponsable (a ti y a tu compañero). Podrías hacer cosas bajo la influencia de drogas o alcohol que generalmente no harías cuando estás en tu sano juicio. La solución es simple: Para evitar situaciones de las que después te puedes arrepentir, permanece sobria.

No importa lo confiada que estés en que puedes cuidarte tú misma, es posible que no seas lo suficientemente fuerte cuando sea más importante — cuando estés bajo la influencia del alcohol o alguna droga y estés con alguien que insiste en tener relaciones sexuales contigo.

Un error bajo la influencia de alguna droga te puede costar tremendamente…. SIDA, un embarazo indeseado, un accidente automovilístico o de algún otro tipo.

¿Cómo tratar con estúpidos (muchachos) y su abuso (físico o verbal)?

Nadie tiene el derecho de abusar de ti — ni verbal ni físicamente.

El abuso verbal puede consistir en hacer comentarios acerca de tu apariencia, tu familia, tus calificaciones, tu inteligencia, tus atributos físicos o cualquier otra cosa a la que eres sensible. Este tipo de abuso verbal ocurre algunas veces en los corredores de la escuela, u otros sitios públicos donde los muchachos se reúnen.

El abuso físico ocurre cuando un muchacho te toca sin que tú quieras que te toquen. Una manera muy común de abuso físico ocurre en la relación novio/novia. Por ejemplo, si tu novio te pega o te estruja, eso es abuso físico. Después del asesinato, la forma más severa (y criminal) de abuso físico es la violación, que puede pasar en una cita entre novios o aún en fiestas.

Tú necesitas hacer valer tus derechos.

Si estás viviendo cualquier tipo de abuso (verbal o físico), habla con alguien en quien confíes como tus padres, un profesor, un cura o un consejero de la escuela. Tú no estás delatando a nadie si lo haces por tu propia seguridad e integridad.

Debes tener en cuenta que si tu escuela no hace nada con respecto a tus quejas pueden ser demandados si tu decides ir por las vías legales. Jenny (identidad alterada) estaba siendo abusada verbalmente por los muchachos de su escuela. Algunos muchachos la trataban de "prostituta", se burlaban del tamaño de su busto, su cabello, sus piernas y otros atributos físicos. Ellos se burlaban y la molestaban por cualquier motivo.

Jenny se quejó ante sus maestros y no hicieron nada al respecto.

En determinado momento dejó de ir a la escuela para evitar a los muchachos. Ella les comunicó a sus padres quienes hablaron con las autoridades de la escuela. Las autoridades escolares no le prestaron mucha atención al asunto.

Los padres de Jenny buscaron ayuda legal y demandaron a la escuela.

La corte falló a favor de Jenny y su familia. La escuela tuvo que pagarle a Jenny cientos de miles de dólares y los abusadores fueron expulsados de la escuela. Así se hizo justicia.

Si a ti te ocurre algo similar que consideres sea abuso, habla con un adulto en quien confíes. Esta persona podría ayudarte a poner las cosas en perspectiva y ayudarte a enfrentar la situación.

Estereotipos en el trabajo

Existe una carrera para ti en ingeniería, matemáticas, ciencias y otras áreas que son por lo general dominadas por los varones. No dejes que la sociedad te diga qué carrera debes de seguir. Necesitas decidir cuál es la más apropiada para ti.

Si tienes aptitudes para las ciencias, matemáticas, computación o ingeniería no dejes de estudiar eso.

Desafortunadamente, los mismos padres a menudo les hacen un daño a sus hijas al excluirlas de las llamadas "actividades de hombres" — trabajar reparando el auto, usar herramientas, configurar la computadora, programar los aparatos electrónicos de la casa (VCR, TV, estéreo, etc.). La mamás generalmente influencian a sus hijas para que vayan de compras, vean telenovelas, se maquillen, etc.

Debes ser firme. Si no te permiten el mismo acceso que los varones a la computadora en tu casa, exígelo.

No puedes permitir que se te considere menos como mujer en actividades que son iguales para ambos sexos.

No te limites a hacer los trabajos que se asocian exclusivamente a las mujeres tales como recepcionista, secretaria, enfermera, profesora y niñera. Estos trabajos generalmente son mal pagados.

Decídete por una carrera como medicina, abogacía, ingeniería o en negocios. Y ¿quién quita?… ¡Presidente de los Estados Unidos!

Te recomiendo leer el libro: *¿De qué color es tu paracaídas?* de Richard Nelson Bolles, publicado por Ten Speed Press.

Opciones profesionales

Ey, yo quiero ejercer una de esas carreras glamorosas

Puedes tener ambas cosas

Elecciones de carrera para el resto de nosotros

¿Dónde se encontrarán los trabajos del futuro?

¿Cuáles son tus intereses?

¿Qué pasa si no estás seguro?

Ey, Yo quiero ejercer una de esas carreras glamorosas
(Deportes, música, actuación, modelaje, etc.)

La mayoría de nosotros soñamos con ser ricos y famosos. De todos modos, es el "Sueño Americano". Una carrera exitosa en deportes, música rock, películas de Hollywood o modelaje es la fantasía de millones de personas.

81

Desafortunadamente, todo esto son ilusiones destinadas para muy pocos.

Por cada joven que logra ser una estrella de básquetbol en la NBA, hay miles de jóvenes jugando en las escuelas y en los parques que sueñan con lo mismo. Y sólo unos pocos lo logran. Lo mismo ocurre con los actores y actrices. La mayoría de los actores que existen son completamente desconocidos por todos, excepto por las oficinas de desempleo en Hollywood.

Estas son algunas de las cualidades que se necesitan para lograr ser exitoso en una de estas carreras glamorosas:

- Pasión… por el éxito
- Fe… en ti mismo, aún cuando otros lo duden
- Práctica… mucha práctica
- Autodisciplina… voluntad para decir "no" a las distracciones
- Determinación… habilidad de tomar una decisión y no desistir
- Entusiasmo… mantener una actitud positiva a pesar de que sufras contratiempos
- Persistencia… no rendirse ante el primer revés

Si tú tienes estas cualidades, entonces continúa con tu sueño. Otros lo han hecho y han tenido éxito. Mira lo que le ocurrió a Leonardo Di Caprio.

Aún así, sería provechoso poner la realidad en una balanza de vez en cuando. Así puedes comenzar de nuevo y trabajar en otra opción antes de que inviertas todos tus recursos — tiempo y dinero — y te quedes con las manos vacías.

Los más inteligentes son aquellos que planifican su futuro sin abandonar su sueño. En resumen, aquellos que no ponen todos sus huevos en la misma canasta. Aquellos que tienen un plan alterno en caso que sus mayores esperanzas se desintegren. Eso no es cobardía. Es ser inteligente.

Pregúntate a ti mismo lo siguiente: "¿Tengo los atributos necesarios para tener éxito en una carrera glamorosa?" Si la respuesta es "sí", trabaja en ello.

Pero, no te cierres a otras opciones.

Puedes tener ambas cosas

Steve era inteligente.

Hoy en día, él hace ejercicio en un gimnasio muy prestigioso. Fue estrella de básquetbol en secundaria, y desde ese momento decidió obtener fama y fortuna como jugador de básquetbol. Aún así, cayó en cuenta que esta sería una meta difícil de lograr. Así que, además de jugar básquetbol, Steve se concentró en educarse y prepararse para una carrera alterna (fuera del básquetbol).

Hoy en día, Steve no sólo disfruta de hacer deporte en el gimnasio, también es el jefe de mercadeo de una conocida firma de computación. Sí, puso empeño en su sueño de convertirse en jugador de la NBA, pero no le funcionó. Hoy en día no se arrepiente de su decisión.

Compáralo con lo que le pasó a Gary...

Gary quería ser un jugador profesional de tenis, por eso se dedicó exclusivamente a esto. Académicamente se quedó atrás, y no aprendió otras aptitudes en su tiempo libre. Sucedió que a pesar de sus mejores intentos, la competencia en el círculo del tenis era muy reñida. Le fue difícil ganar suficientes torneos como para mantenerse, y mucho menos para volverse rico.

¿Qué precio tuvo que pagar Gary? Por concentrarse

exclusivamente el tenis, dejó pasar una buena parte de su vida sin avanzar en ninguna otra cosa. Hoy se dedica a dar clases de tenis y difícilmente gana lo suficiente para pagar la renta. ¿Qué tipo de vida le espera a Gary?

Tú pagas el precio por tus decisiones. Las decisiones que tomes hoy determinarán tu educación, tu carrera, tu salud y estilo de vida. Piensa lo que tus decisiones te costarán a largo plazo y hazlas a sabiendas de sus consecuencias.

Elecciones de carrera para el resto de nosotros

Estas son algunas opciones de carreras a elegir:

- Agricultura y Silvicultura
- Protección Ciudadana y Cumplimiento de la Ley
- Recreación y Hotelería
- Educación
- Administración de Empresas, Finanzas, y similares
- Derecho y Leyes
- Ventas y mercadeo
- Agencias sin fines de lucro y Ciencias Sociales
- Ciencias Naturales
- Servicios Personales y comerciales
- Manufactura
- Transportación
- Salud y Medicina
- Construcción y Minería
- Ingeniería y Computación
- Telecomunicaciones

...y muchas otras posibilidades.

Estas categorías contienen muchas subcategorías. Por ejemplo, bajo Salud y Medicina hay médicos, enfermeras registradas, terapeutas respiratorios, técnicos psiquiátricos, técnicos en audiología y muchos más.

¿Dónde se encontrarán los trabajos del futuro?

Mira los diarios y revisa la sección de empleo en los clasificados.

Tendrás seguridad con carreras como:

- Tecnología — especialmente trabajos relacionados con computación: programador, analista de sistemas, ingeniero de aplicaciones, documentador técnico, entrenador técnico, soporte técnico, administrador del sistema y muchos otros trabajos relacionados con tecnología.
- Servicios de Salud — doctores, enfermeras, asistentes de laboratorio y otros trabajos relacionados con la salud.
- Servicios Profesionales — abogados, consejeros financieros, trabajadores sociales, ejecutivos de ventas, analistas, manejo de materiales, recursos humanos.
- Servicios de Soporte — servicio doméstico, de jardinería, plomería, eléctrico y de aguas.
- Posiciones Gerenciales — existen miles de posiciones de este tipo para gerentes con experiencia.
- Tiendas— Existen muchas posiciones en tiendas de departamento, supermercados, tiendas de electrodomésticos y de computación.

Los diarios también predicen y publican las tendencias del futuro.

Algunos de los trabajos que se mencionan anteriormente están en la categoría de sueldos bajos. Los trabajos mejor pagados requieren que aprendas aptitudes bien sea en la universidad o por experiencia. Escoge tu carrera en base a tus aptitudes e intereses.

¿Cuáles son tus intereses?

Piensa en el tipo de carrera que quisieras seguir. No es estrictamente necesario que lo decidas antes de tiempo, más tener una idea desde ahora podría ser una ventaja. Podría darte un pequeño empuje en la preparación de tu futuro.

Suponiendo por ejemplo que tienes un interés o aptitud para la biología, podrías obtener un trabajo como un pasante de verano en una empresa de biotecnología, o en un laboratorio de una universidad pública. Darte cuenta de cómo es este trabajo te podría ayudar a decidir si te gusta lo suficiente como para que te orientes en este tipo de carrera. A veces es difícil escoger una carrera en base a la aptitud para ejercerla. Tú podrías estar interesado en una carrera en especial y seguir esta carrera podría darte una mayor satisfacción. Sin embargo, esta carrera no sería tan bien remunerada como otra carrera para la cuál tú tienes mejores aptitudes. Por ejemplo, digamos que tú eres un aficionado al tenis y quieres ser entrenador de tenis pero además de eso tienes aptitudes científicas. Probablemente obtengas mejores ingresos si persigues una carrera científica en vez de ser un entrenador de tenis. Es tu propia decisión.

A propósito del ejemplo anterior sobre la disyuntiva entre una carrera en tenis o una carrera científica podrías matar dos pájaros de un tiro. Puedes seguir tu carrera científica y a la vez continuar con tus intereses como entrenador de tenis los fines de semana y en las noches.

Desafortunadamente muchos adolescentes no se inclinan por la industria de la computación pues piensan (erradamente) que un diploma en computación es necesario para calificar para cualquier tipo de trabajo en esta área. Es curioso, pero muchos trabajos en el área de la computación requieren sólo de cierto conocimiento en sistemas de computación. Un trabajo de este tipo te podría ayudar a decidir si la industria de la computación es la adecuada para ti.

También podrías consultar con un consejero académico en tu escuela si existe algún tipo de prueba o test de aptitud vocacional Este tipo de pruebas te pueden ayudar a determinar qué tipo de trabajos son más acordes con tus intereses y gustos.

Cualquiera que sea la carrera en la que estés interesado, probablemente existe una manera de explorarla si obtienes un trabajo relacionado con ella.

¿Y si no estás muy seguro?

No hay problema.

A mucha gente le toma años decidir lo que en realidad quieren hacer con sus vidas en el ámbito profesional. Una encuesta informal de gente recién graduada reveló que 7 de cada 10 personas no tenían idea de qué tipo de carrera seguir. Sin embargo un diploma, no importa el área en el que sea, aumentará el potencial de que ganes más.

No te preocupes demasiado si tienes incertidumbre respecto a qué carrera seguir. Es posible que algunos adolescentes lo sepan a ciencia cierta, pero muchos otros tienen varios trabajos antes de decidirse por lo que en realidad quieren.

En definitiva — tú necesitas de un trabajo (dinero) para subsistir.

Si no estás seguro de qué tipo de carrera elegir, lo mejor es que inviertas tu tiempo en obtener cualquier tipo de capacitación, cualquiera que te pueda proporcionar un trabajo. A medida que madures, y comiences a darte cuenta de qué tipo de carrera quieres seguir, poco a poco puedes amoldarte a la carrera que elijas.

Pero mientras tanto, no te quedes con las manos cruzadas por indecisión. Siempre debes estar trabajando en algo, aún si no estás seguro de qué es lo que quieres hacer en la vida.

¿Te contratarías a ti mismo?

Piénsalo. ¿Lo harías?

¿Sabes qué es lo que las empresas buscan en los empleados prospectos?

Ten en cuenta lo siguiente:

- Apariencia — Como empleado, estarás representando la empresa. Si tienes el cabello de color violeta, un aro en tu lengua, tatuajes visibles o te vistes desarreglado, tus opciones de trabajo se reducirán tremendamente — a menos que pretendas trabajar con un grupo de rock o en una tienda de música.
- Determinación — Esto es muy importante. Las empresas quieren que sus empleados tengan una actitud positiva y ganadora y que muestren entusiasmo por su trabajo.

- Una fuerte ética de trabajo — Un comportamiento responsable y confiable.
- Aptitudes de comunicación — Tanto escrita como oral. Muchos candidatos a trabajos envían su currículum a las empresas con errores de ortografía y de gramática. Estos currículum van a dar de inmediato al "archivador redondo" (el basurero).

Otras cualidades que las empresas buscan en sus empleados son: buenos modales, profesionalismo, higiene (ausencia de olor corporal), buena aptitud verbal y camaradería.

Comprendiendo el dinero

Principios del Dinero

¿Qué significa una deuda?

Ahorros e Inversiones

Principios del Dinero

Seamos honestos, tú necesitas dinero.

Para obtenerlo, necesitas ganarlo.

Cuanto dinero necesites depende de dónde vives, tus gastos, lo grande que sea tu familia, y muchos otros factores (Ver página 17 al comienzo de este libro.)

Cuanto dinero ganes depende de tu educación, tus aptitudes, y lo mucho que tus padres te puedan ayudar (Por supuesto, también depende de qué tanta ambición tengas, y que tan deseoso estés de ser exitoso).

Necesitas ganar dinero, no sólo para tus gastos del día a día, sino para ahorrar para el futuro. Aún los

animales ahorran. Una ardilla sabe (gracias a la naturaleza) que es difícil hallar comida en los meses de invierno. La ardilla guarda comida y así puede comer cuando la comida escasee.

Como un ser humano, tú puedes aprender una o dos cosas del reino animal. Los ahorros son importantes. Te dan el poder de independencia. Por ejemplo, supongamos que odias tu trabajo, o tu trabajo no es muy estable. Si te despiden del trabajo o decides renunciar no vas a tener ingresos. ¿Quién pagaría entonces por tus gastos del día por día?

A menos que tus padres o alguien más te ayuden, vas a necesitar de tus ahorros. No siempre vas a poder acudir a tus padres para que te ayuden. Ellos tienen sus propios gastos y tal vez no tengan suficiente para ayudarte. Tendrás que independizarte financieramente algún día.

Por eso es que necesitas de los ahorros.

Pero antes de que hablemos más de ahorrar, miremos algo que es supremamente importante — evitar las deudas.

¿Qué son las deudas?

Explicado de forma sencilla, las deudas son lo que le debes a alguien (un amigo, tus padres, o un banco).

Te endeudas cuando no tienes suficiente para pagar lo que compras, o cuando no quieres pagar de inmediato algo que compras.

Otra manera más simple de definirlo es: te endeudas cuando gastas más de lo que ganas.

Es muy sencillo endeudarse — gracias a toda la gente (bancos, prestamistas privados y otras instituciones de préstamo) que te quieren prestar dinero. ¿Alguna vez pensaste por qué tus padres reciben tanta propaganda en el correo de compañías pidiéndoles que adquieran nuevas tarjetas de crédito?

¿Tú piensas que estas compañías lo hacen con buenas intenciones? ¡Ni lo creas!

Estas compañías quieren que solicites un préstamo (y te endeudes) porque de esa manera tendrías que pagarles intereses (muchos). Los intereses son el dinero que los bancos te hacen pagar cuando tú pides prestado. Es dinero extra (un porcentaje) que debes pagar fuera del dinero que pediste prestado.

¿Por qué crees que los bancos hacen tanto esfuerzo para que solicites préstamos? Tú podrías pensar, "Sí, seguro. Lo pido prestado y también lo pagaré". Desafortunadamente, no es tan fácil. Los bancos confían en que si necesitas el dinero originalmente, vas a continuar necesitándolo para otras cosas, y que no vas a tener la disciplina para pagarlo. De esta manera, vas a continuar pagándoles intereses.

Lo más terrible de las deudas es que estas tienden

a crecer y crecer. La gente joven que piensa que sólo van a pedir prestado un poco generalmente terminan pidiendo mucho. A medida que sus deudas crecen, los que piden prestado casi que terminan siendo esclavos de los acreedores. ¿No te suena familiar? Debería. De cierta manera, las deudas pueden ser como una adicción a las drogas, el tabaco o el alcohol.

Pero antes que pienses que pedir prestado y pagar intereses es malo siempre, miremos el concepto de buenas deudas y malas deudas.

Buenas deudas son aquellas en las que pides prestado para una buena causa — comprar una casa, comenzar un nuevo negocio u obtener una educación. Estas cosas te pueden hacer más rico a largo plazo.

Las deudas malas son aquellas en que pides prestado para comprar artículos de consumo tales como equipos de sonido, ropa, zapatos, entretenimiento, restaurantes y otros efectos de consumo. Este tipo de cosas simplemente hacen que tu dinero desaparezca.

¿Por qué entonces diferenciar las buenas deudas de las malas?

Recuerda: Estar endeudado significa que les pagas a otros por utilizar su dinero. Por esta razón solamente debes pedir prestado (y pagar interés) por cosas que realmente necesites.

Por ejemplo, la mayoría de las tarjetas de crédito cobran alrededor del 18% anual en intereses. Si tú pides prestado $1,000 dólares en tu tarjeta, la matemática funciona así:

- Intereses anuales del 18% en $1,000 vienen a ser $180 por año.
- $180 dividido en 12 meses representa $15 al mes en intereses.
- En definitiva: Tú le debes $1,000 a la compañía de crédito, más $15 al mes hasta que les termines de pagar.
- Aún si terminas de pagar el $1,000 seis meses después, vas a pagar $1,000 más $90, un total de $1,090.

Piénsalo. Pagarías $90, y ¡no obtuviste *nada* por ello! ¡Qué mal negocio!

Para que evites las deudas, siempre hazte la siguiente pregunta antes de comprar alguna cosa: "¿Lo necesito o lo deseo?".

Si lo quieres, pregúntate a ti mismo honestamente por qué lo quieres. Si crees que lo necesitas, haz el mismo ejercicio. La respuesta te va a ahorrar dinero.

Por ejemplo, cierta empresa de artículos de deporte saca al mercado un nuevo modelo de zapato deportivo con cojines de aire en la suela. El zapato es promocionado agresivamente, inclusive por un deportista estrella. Tus amigos se apresuran a comprar los zapatos que valen $150 el par.

Ahora piensa. ¿Quieres los zapatos o los necesitas?
*Algunos factores que debes tener en cuenta a medida que
desarrollas tus hábitos de gastar el dinero:*

- Las empresas de artículos de consumo tienen un solo propósito en mente. Ellos quieren que compres lo que ellos venden. Sencillamente, ellos quieren poner tu dinero en sus bolsillos
- Cuando quieren que compres algo utilizan todo tipo de trucos.
- Algunos trucos que ellos usan para atraer al consumidor son glamour, imagen, promoción de un artista o estrella del deporte, y (¡por supuesto!) sexo.

Tal como lo mencionamos anteriormente, las compañías tabacaleras se caracterizan por enfocar sus campañas publicitarias en adolescentes para atraer nuevos fumadores. ¿Ellas se preocupan por tu salud? ¡De ninguna manera!

Las compañías utilizan mujeres lindas y hombres atractivos para convencerte que fumar es bueno o que el fumar te va a hacer parecer glamoroso. ¿Pero crees por un minuto que el fumar te va a hacer ver sexy? El fumar hace exactamente lo contrario. Desfigura tu vida. Tu salud sufre, tu cuerpo apesta a cigarrillo, tus dientes se manchan… Entonces ¿dónde está lo glamuroso? Es posible que a la hora que descubras qué es fantasía y qué es realidad estés completamente adicto al cigarrillo.

Es increíble, pero mucha gente se endeuda para mantener su vicio a la nicotina, la cuál puede costar cientos de dólares al mes. Todo porque se dejaron convencer por la publicidad de las empresas tabacaleras.

En conclusión, antes de que cualquier propaganda atractiva te convenza de comprar alguna cosa, piénsalo un poco. Y antes de pedir prestado para comprar alguna cosa, piénsalo aún más.

Otras maneras de caer en la trampa financiera:

Comprar artículos de consumo en un plan de "cómodas cuotas mensuales". Es muy probable que termines pagando el doble del precio original sólo por caer en la trampa del "plan de mes a mes". Piénsalo desde el punto de vista de la tienda. ¿Por qué razón te permiten usar algo gratis? De seguro ellos tienen que recuperar su inversión en el artículo que te acaban de vender. La mejor manera de hacerlo es haciéndote pagar un interés alto por el artículo vendido.

A continuación te hago unas sugerencias para comprar inteligentemente:

A menos que necesites algo de inmediato, espera un poco antes de comprarlo (recuérdalo, si algo vale la pena, también vale la pena esperar para tenerlo).

Es posible que con el tiempo sepas si estás seguro o no que vas a querer el artículo. Si vas a una tienda de artículos de deportes usados, vas a ver la gran cantidad de artículos sin usar que son vendidos de vuelta a la tienda con grandes descuentos. (Las tiendas aumentan el precio de los artículos y los venden a otros con una buena ganancia).

Los precios de artículos electrónicos tales como computadoras, reproductores de CD/DVD y televisores se reducen constantemente. A menos que necesites el artículo con urgencia (para un regalo o un proyecto de la escuela), será mejor si esperas un poco. Una de las mayores ventajas de esperar es que puedes obtener algo mejor a un precio más razonable.

Una vez que comiences a trabajar, vas a caer en

cuenta que ganar dinero no es fácil y que la vida está llena de sorpresas y realidades que no son siempre agradables. En resumen: Necesitas ahorrar dinero y permanecer sin deudas.

Ahorros e inversiones

Debes tratar el dinero siempre con una pregunta en mente: "¿Controlaré mi dinero o el dinero me controlará?"

Pregunta interesante. Piénsalo.

Si algo pasa en tu trabajo o alguna emergencia requiere que pagues una suma de dinero a corto plazo, los ahorros te darán las reservas para poder hacerlo. Pero si no tienes ahorros y necesitas dinero de urgencia, tendrás que pedir prestado y pagar intereses.

Te puedes meter en aprietos si pides prestado y luego te das cuenta que no puedes pagar. Esto puede arruinar tu historial de crédito, o sea que va a ser muy difícil que te presten más adelante para una casa, un auto u otra necesidad que tengas.

Entonces es crítico que aprendas a ahorrar.

No esperes a salir de casa de tus padres para comenzar a ahorrar. Si recibes una mesada en tu casa, puedes decidir — ahora mismo — comenzar a guardar un poco cada vez como ahorro.

Prémiate a ti mismo por ahorrar. Cuando hayas logrado obtener la disciplina para guardar un poco de dinero, ve y cómprate algo que te guste (sin recurrir a tus ahorros, por supuesto).

El siguiente paso después de ahorrar es invertir. A pesar que tú no estés listo para invertir dinero, necesitas entender lo que significa invertir y cómo afecta tus finanzas a largo plazo.

Invertir es poner dinero en bienes raíces, acciones o bonos de inversión. El propósito principal de estos es ganar intereses, *dividendos* y *apreciación de capital.*

- Ya hemos discutido los intereses — que son el dinero que tú pagas a otros cuando pides prestado de ellos. Pero otros te pagarán intereses si eres tú quien les prestas a ellos. Una buena manera de prestar dinero es comprar bonos. Un bono es un documento que certifica que alguien (quien presta) te debe dinero y debe de pagarte interés.

- Dividendos, que son las ganancias que obtienes si posees acciones, son similares a los intereses. Las acciones son certificados que dicen que eres dueño de una parte de una empresa. Algunas veces te hacen partícipe de algo de las ganancias de la empresa, los cuáles la empresa te paga como dividendos.

- La apreciación de capital ocurre cuando las acciones, los bonos, los bienes raíces u otras inversiones aumentan de valor después que las compras. Por ejemplo, aún si ciertas acciones no pagan dividendos, todavía pueden aumentar de valor.

Por supuesto, todas las inversiones tienen cierto riesgo, y algunas inversiones son más arriesgadas que otras. Por ejemplo, algunos bonos (conocidos como bonos basura) pagan altas tarifas de interés comparadas con otros. Los bonos basura tienen un riesgo mayor. Algunas personas han hecho mucho dinero con los bonos basura, y otros han perdido dinero. Por lo tanto, debes tener cuidado y aprender lo más que puedas acerca de las inversiones antes de invertir tu dinero.

La mejor razón para invertir es simple: Es la única manera que tu dinero va a multiplicarse. Si guardas

$1000 bajo el colchón, después de 15 años todavía tendrás los mismos $1,000 que probablemente valdrán menos que ahora.

Por el contrario, si pones ese dinero en una cuenta regular de ahorros que paga 5% de interés compuesto, entonces tu dinero se convertirá en $2,117 en esos mismos 15 años.

Entonces, ¿qué es mejor? ¿Poner dinero bajo el colchón o invertirlo?

Por supuesto que las explicaciones anteriores son un poco simples. Existen muchas clases de inversiones, cada una con un comportamiento diferente. A medida que pase el tiempo aprenderás cuáles son las diferencias entre los tipos de inversión y cuáles son las más apropiadas para ti. Simplemente mantén una mente abierta al respecto y recuerda que las inversiones juegan un papel importante en cómo manejas tu dinero.

La realidad
(repaso)

¿Son necesarios los padres?

"Cuando yo tenía catorce años, mi padre me parecía una persona tan ignorante que yo no soportaba tener al viejo cerca de mí. Cuando cumplí los veintiún años me quedé impresionado con lo mucho que mi viejo aprendió en esos siete años".

— **Mark Twain**

¿Son necesarios los padres?

Sí, lo son. Y no solamente para que paguen por tu ropa, tus CDs de música o tu dinero para gastos.

Posiblemente a estas alturas ya hayas caído en cuenta que "criarte a ti mismo" no es una tarea fácil. Aún no estás listo para enfrentar la dura realidad del mundo fuera del refugio que tus padres te ofrecen.

Entonces, ¿para qué sirven los padres?

Ellos te pueden ofrecer una buena retrospectiva de la vida.

Tus padres han estado allí y han vivido lo que tú no has vivido. Ellos han aprendido en carne propia o de sus propias amistades las consecuencias de las decisiones tomadas en los años de la adolescencia.

Además de ofrecerte consejos basados en sus experiencias personales, los padres te ofrecen un hogar, sustento y amor incondicional. Tus padres quieren que tengas la mejor de las vidas — posiblemente el tipo de vida que ellos mismos no pudieron tener mientras crecían.

Si yo pudiera ser adolescente de nuevo...

(¿Qué haría diferente?)

Tú puedes aprender de:

- Tus padres
- Tus maestros
- Tus amistades
- Libros, revistas y otros medios de comunicación
- Errores que cometas
- Errores que alguien más cometa

Una de las mejores maneras de aprender es a través de los errores que otros cometen.

No estoy sugiriendo que nunca debes cometer ningún error. Al contrario, tendrás que tomar ciertos riesgos, incluso riesgos calculados en los que sepas de antemano cuál puede ser la peor consecuencia. Y que tus decisiones no siempre serán buenas.

Si no estás seguro, pregúntale a tus padres (o cualquier otro adulto a quien le tengas respeto) acerca de las posibles consecuencias de tu decisión. Es muy probable que él o ella sepan la respuesta, no porque lean el futuro, sino por tener toda una vida llena de experiencias.

A continuación menciono algunos de los arrepentimientos y experiencias que la gente compartió conmigo cuando les hice la siguiente pregunta: "Si pudieras ser adolescente de nuevo, ¿qué harías diferente?".

Drogas

Ojala yo nunca hubiese experimentado con las drogas.

Yo andaba con amigos que se drogaban y un día sólo por curiosidad decidí probar. Desde ese momento, mi vida comenzó a deteriorarse. La primera vez sólo necesitas un poco para sentirte parte del grupo, pero a medida que el cuerpo se acostumbra a la droga, te pide más y más para sentir el mismo efecto.

Yo pasé de fumar hierba a tomar anfetaminas, luego LSD y cocaína.

Lo que me hizo darme cuenta de la gravedad del asunto fue cuando uno de mis amigos murió de una sobredosis...

Finalmente recurrí a mi familia para que me ayudaran a salir de la adicción.

—Cathy, 21años, Sacramento, CA

Yo siempre rechacé las drogas. Yo sabía de los peligros de consumir droga y decidí usar un poco de autodisciplina cuando se trataba de tomar la decisión de consumirlas o no. Yo te recomendaría que hagas lo mismo. Nadie te puede obligar a que consumas droga. Es tu decisión.

No lo hagas. Estoy muy feliz que nunca lo hice.

No he gastado mi dinero, no le hice daño a mi cuerpo, ni he perdido mi tiempo siendo adicto a algo que es difícil de superar.

—Xavier, 18 años, Dallas, TX

Yo vendía drogas para financiar mi vicio. Gané mucho dinero pero vivía siempre con miedo de que me arrestaran o que me dieran un tiro. Es la realidad. Te pueden matar cuando vendes droga. La gente que trafica droga lo hace sólo por el dinero y poco les importa lo que te ocurra a ti o a ellos mismos. La mayoría del tiempo están drogados lo que hace que tomen decisiones sin sentido — como dispararte si te cruzas en su camino.

Evita la droga — no la uses ni la vendas.

—Andy, 23 años, Los Angeles, CA

Al día siguiente, yo no recordaba con quien había tenido sexo pues estaba muy drogada.

Tú también puedes perder el control de tus sentidos por completo cuando estás bajo la influencia de las drogas o el alcohol y haces algo como lo que yo hacía y pagues muy caro — SIDA, quedar embarazada o adquirir alguna enfermedad venérea.

Por favor, aprende de mis errores, no uses droga y nunca consumas tanto alcohol que te haga perder el control de lo que haces.

—Michelle, 16 años, San Jose, CA

Noviazgo, relaciones y el embarazo

Yo dejé que el noviazgo controlara mi vida. No hacía otra cosa que pensar en mi novio día y noche. Estaba obsesionada con hacer que él se sintiera bien conmigo. Pasé muchos años así pero irónicamente, a medida que crecimos, nuestros intereses cambiaron y poco a poco nos fuimos distanciando. Si tuviera la oportunidad de hacerlo de nuevo, me enfocaría más bien en mi futuro y dejaría el noviazgo para el tiempo libre después de la escuela y los deportes.

—Jennifer, 27 años, San Jose, CA

Yo quedé embarazada a los 15 años. No tuve cuidado y en una cita tuve relaciones y quedé embarazada. Nunca pensé que esto me fuera a ocurrir a mí.

Pues bien, me equivoqué. Mi vida cambió por completo.

Yo había soñado con ir a la universidad y viajar por el mundo, pero ahora estoy ocupada siendo una mamá.

Ahora me doy cuenta de que no estoy lista para esta responsabilidad. Debí haber esperado.

—Cynthia, 19 años, Long Beach, CA

No creas que con tener un hijo vas a recibir el amor que esperas o mejorar la relación con tu novio. Por el contrario, esto hace que se distancien y él no estará listo para darte la ayuda que necesitas para criar ese hijo.

—Camille, 20 años, New York, NY

Yo tuve relaciones sexuales sólo por dejar de ser virgen. Está bien no tener sexo. No cedas a la presión de otros sólo porque ellos lo hacen.

En este momento desearía no haber tenido relaciones sólo para presumir. Nunca se sabe, de pronto te pegan el SIDA u otra enfermedad.

—Xiana, 18 años, Phoenix, AZ

Yo tuve un hijo antes de los veinte años. No debí haberme metido en este problema — sin educación, sin aptitudes para trabajar y trabajando en trabajos míseros que pagan poco. Tomé una mala decisión y eso me ha costado demasiado. Me hubiera gustado haber esperado hasta tener una relación estable en que mi novio y yo estuviéramos listos para un hijo.

Piénsalo bien antes de quedar embarazada. Esa decisión cambiará tu vida para siempre.

—Stephanie, 26 años, Orlando, FL

Yo tuve relaciones con mi novio porque pensé que así él me iba a querer más. Pero en realidad, no es eso lo que hace que la relación mejore. Ahora ya no estamos juntos.

—Cynthia, 17 años, Las Vegas, NV

Abuso y acoso sexual

Yo vi que muchas niñas de mi escuela fueron acosadas sexualmente por los muchachos más populares en la escuela — más que todo, los jugadores de básquetbol y futbol americano.

Para los jugadores "estrella" usar a las niñas para tener sexo y luego dejarlas era como una competencia. Es considerado bueno andar con los muchachos más populares de la escuela, pero debes saber cuáles son sus verdaderas intenciones antes de que te pongan en una situación en que puedan aprovecharse de ti sexualmente. La mayoría de las veces, sus intenciones son usarte como objeto sexual o mostrar su poder abusando de ti.

—Jack, 22 años, Orlando, FL

Yo fui acosada por un muchacho de mi clase. Al principio pensé que yo también era culpable y no tuve el coraje de hacerme valer.

Tuve miedo de que me fueran a catalogar de delatora, pero lo cierto es que nadie tiene el derecho de lastimarte.

Finalmente un día decidí hablar con mis padres. Ellos hablaron con mi profesor y con el director de la escuela. Las autoridades de la escuela llamaron a los padres del muchacho y les dijeron que eso tenía que acabar. Así ocurrió.

Ahora estoy contenta de que hablé a tiempo. Si están abusando de ti, habla con tus padres, tu profesor o consejero. No dejes que se aprovechen de ti.

—Andrea, 20 años, Oakland, CA

Los Padres

Yo ignoré completamente a mis padres cuando era adolescente. Ahora que tengo 35 años acudo a ellos muchas veces para que me aconsejen. Hoy me arrepiento de no haberles escuchado durante esos años. Me perdí de muchos consejos que hubiesen mejorado mi vida tremendamente.

—Mark, 35 años, Los Angeles, CA

Yo creí saber mucho en ese entonces. Ahora caigo en cuenta lo poco que sabía.

—John, 45 años, Phoenix, AZ

Tengo 28 años y volví a casa de mis padres. Ellos me aceptaron de nuevo con los brazos abiertos. La vida es muy dura y yo desperdicié todas las oportunidades que tuve mientras crecía porque pensé que me las sabía todas.

—Lisa, 28 años, San Francisco, CA

Las carreras en deportes

Yo pensé que alcanzaría el cielo con el fútbol y en realidad así fue hasta que estuve en la universidad. Después de eso nunca pude jugar en las grandes ligas. Ahora trabajo en un gimnasio por $10 dólares la hora pero sé que tengo capacidades para que me vaya mejor. Pero, ¿quién me contratará en vez de una persona con estudios? Si lo hubiese sabido, me hubiera preparado para una carrera alterna al mismo tiempo que jugaba fútbol.

—Steve, 29 años, Santa Clara, CA

¿Cómo mides el éxito?

Como adulto probablemente vas a medir tu éxito de las siguientes maneras:

- ¿Lograste las cosas que querías o tuviste miedo de aventurarte a tomar riesgos?
- ¿Tienes familia y pueden confiar los unos en los otros?
- ¿Tienes buenos amigos con quienes puedes compartir memorias, sonreír y pasar un buen rato?
- ¿Está tu mente llena de pensamientos a punto que no te da miedo estar solo?
- ¿Estás bien física y mentalmente?
- ¿Has dedicado tiempo a hacer la diferencia en la vida de alguien más?
- ¿Has sido un ciudadano responsable y te has preocupado lo suficiente por cuidar el medio ambiente?
- ¿Has viajado a otros lugares y has hecho nuevos amigos?
- ¿Has (o tienes intenciones de) cuidar a tus padres a medida que envejecen y necesiten de tu ayuda?
- ¿Puedes decir que has vivido la vida en su plenitud?

Piensa entonces qué respuesta quisieras tener para cada una de las preguntas anteriores y cómo piensas lograrlo.

Criarte a ti mismo es un reto difícil, pero tú lo puedes lograr. Para hacerlo toma las decisiones correctas ahora y dale con todo.

Deseándote lo mejor en tu búsqueda por la felicidad y el éxito en la vida,

—Sumant

Índice